세 개의 거울을 통해 본

어려움을 극복하는
마음의 힘

세 개의 거울을 통해 본

어려움을 극복하는
마음의 힘

박호진 지음

소리산

낯선 곳으로의 여행에는 반드시 동행하는 것들이 있습니다. 미지의 세계에 대한 두려움, 새로운 만남에 대한 설렘과 호기심도 있겠지요. 마음을 열고 새로운 일에 도전하거나 낯선 길에 나서게 되면, 새롭게 알게 되는 사실들이 있고, 알게 될수록 더 깊이 느끼게 됩니다.

지친 여행길에 문득 멈추어 서서 그 순간을 느껴 봅니다. 나는 어디에 있는가. 멈춤 속에는 무한한 현존이 있습니다. 시간과 공간을 초월한 현재. 잠시 쉬어 가는 멈춤의 순간에 몸과 마음에 흐르는 변화를 느껴 보고 응시하다 보면 무한한 현재에 머물게 됩니다.

목적지에 도착해서 여행이 끝나는 것이 아니라, 목적지를 향해 가는 순간순간이 곧 여행임을 알게 됩니다. 흐르는 땀, 거칠어진 호흡, 시원한 바람, 스쳐 가는 소리, 생각, 느낌들……. 거울을 통해서 나의 겉모습을 볼 수 있다면, 멈춤을 통해서 우리는 우리의 내면을 자세히 볼 수 있습니다.

반복되는 일상 속에서 나의 행동이나 생각이 좀 더 성숙해지고 자비로워졌다면, 어디서 이런 힘이 나왔나 하고 잠깐 멈추어 서서 거울을 들여다보듯 나의 내면의 세계를 들여다보게 됩니다.

이 책에서는 어려움을 극복하는 마음의 힘을 세 가지 거울을 통해 볼 수 있도록 소개하였습니다. 이는 곧 '참 나'를 발견하는 여정에서 쌓아 가는 내면의 힘입니다. 결국 나의 삶을 바꾸어 놓을 수 있는 것은 실천의 힘이며, 마음의 힘은 실천을 통해서만 삶 속에서 그 빛을 발합니다. 이러한 측면에서 본다면, 내가 누구인가를 이해하고 받아들이고 치유해 가는 심리치료와 종교를 통해서 진리를 깨닫는 구도 과정과는 닮은 점이 있습니다. 인간이 고통에서 벗어나 마음의 평화를 얻도록 도움을 주는 면에서 서로 깊이 연관되어 있기 때문입니다.

무의식 속에 습관적으로, 또는 돌발적으로 나오는 나의 행동과 사고방식은 때로 이해하기 어렵습니다. 우리는 다양한 환경과 여건, 그리고 맡은 역할에 따라서 서로 다른 성향을 가진 나를 마주치기도 하며, 때로는 다양한 나의 모습을 이해하지 못한 채 늘 채워지지 않는 부족함과 열등감을 느끼기도 합니다.

자기 자신에 대한 불만족을 가지고 살 때, 우리는 내면의 소리에 귀를 기울이기보다는 타인의 평가나 칭찬에 크게 흔들리기도 합니다. 타인에 의해 나의 행복과 불행이 좌우된다고 생각할 때는 내가 나의 삶의 주인이 될 수 없기에 행복과 불행은 언제 변할지 모르는 불안함 속에 갇히게 됩니다.

심리치료의 중요한 요소 중의 하나가 내가 누구인지를 이해하고 찾아가는 과정입니다. 그래서 무의식에 자리한 두려움이나 억제되어 있는 욕구 등을 이해하고 인정하며 건강한 방법으로 표현하는 방법들을 배우게 되면, 나의 자존감은 타인에 의해서 좌우되는 것이 아니며 행복과 불행의 주체가 자신에게 있음을 알게 되는 것입니다. 이러한 과정 속에서 어려운 일을 당하여도 그것을 극복해 가는 마음의 힘이 쌓여 가는 것이 아닐까 생각합니다.

많은 사람들이 삶의 의미를 찾기 위해서 종교를 찾습니다. 종교는 삶의 고통과 상실감을 이해하는 길을 제시해 주기 때문입니다. 종교와 영성은 사람들이 삶 속에서 다양한 어려움에 부딪쳤을 때, 삶의 의미를 찾을 수 있는 아주 중요한 자원이 되어 줍니다.

코핑coping은 인간 개개인이 가지고 있는 한계나 능력을 넘어서는 어려운 상황에 부딪쳤을 때, 의식적으로 행동의 변화를 통해서 어려움을 극복해 보려는 노력을 말합니다.* 심리학자인 파가멘트Pargament는 종교적인 코핑에는 다음의 다섯 가지 기능이 있음을 밝혔습니다. 즉, 의미meaning, 조절control, 편안함comfort, 친밀intimacy, 그리고 삶의 변환transformation입니다.** 긍정적인 면에서 본다면, 많은 사람들이 종교에 의지하여 어려움을 극복해 가며 삶의 의미를 새롭게 찾게 됩니다. 종교를 통해 예측할 수 없는 상황에서도 마음의 안정을 찾으며, 나 자신을 비롯한 나와 관계된 인연들, 그리고 진리나 신과도 친근감을 갖게 되어, 불안함에서 벗어나 마음의 평화를 찾아가는 것입니다. 그러나 부정적인 면에서 본다면, 종교로 인하여 죄의식에 사로잡히고, 진리나 신으로부터 버림을 받았다는 생각에 스스로의 삶을 더 부정적으로 볼 수도 있습니다.

그동안 동양문화권에서 연구된 논문들에 의하면, 불교인

---

* Lazarus, R.S., & Folkman, S. (1984). *Stress, appraisal, and coping.* N.Y: Springer.

** Pargament, K. I. (1997). *The psychology of religion and coping.* N.Y: Guilford Press.

들은 어려움에 직면했을 때 불교의 믿음이나 가르침을 중심으로 의미부여meaning making를 하여 상황을 이해하고 받아들이는 데 활용한다고 합니다.

서구문화권에도 다양한 불교의 전통들이 소개되었습니다. 그중에서도 일반인들이 누구나 생활 속에서 활용할 수 있는 마음챙김mindfulness 수행은 큰 파장을 일으키며 전파되었으며, 그 긍정적인 효과를 과학적인 증명을 통해서 밝혀내는 시대가 되었습니다. 특히 의학 분야와 정신치료 분야에서 명상과 마음챙김 수행이 널리 활용되고 있습니다. 그러나 일반인들에게 널리 적용하는 과정에서, 불교의 전통에서 온 마음챙김의 본래 의미가 살아나지 못하고 변질될 수도 있다는 우려가 있습니다.[*]

본인은 원불교 교무로 출가하여 미국에서 일과 공부를 병행하면서, 불교 가르침의 핵심이 될 수 있는 수행법이 마음챙김 수행에만 한정되어 있지 않으며, 마음의 자유를 얻기 위한 다양한 수행법이 원불교를 종교로 받아들이고 수행하는 사람들의 삶 속에서는 어떤 효과를 일으키고 있는지 궁금하였습니다.

---

[*]   Grossman, P., Van Dam. N. T. (2011), Mindfulness, by any other name…: trials and tribulations of Sati in western psychology and science. *Contemporary Buddhism: An Interdisciplinary Journal, 12*(1), 219-239.

이러한 의문을 풀 수 있는 가장 좋은 방법은 실제로 원불교를 수행하는 분들을 만나서 그분들의 이야기를 듣는 일이었습니다. 따라서 Pastoral Counseling(영성상담학) 박사과정 동안 이에 관련된 논문의 주제*와 연구방법을 정하게 되었습니다. 미국 동부와 서부에 거주하는 원불교 교도들을 중심으로 연구를 진행하면서, 특히 미국 이민이라는 특수한 상황 속에서 인터뷰어 각자의 신앙과 수행이 어려운 상황들을 극복해 가는 과정에 어떻게 도움이 되었는지를 들어 보게 된 것입니다. 또한 그 논문의 내용을 바탕으로 일반인들이 쉽게 읽을 수 있도록 책으로 다시 정리하게 되었습니다.

마음공부를 하는 이유 중의 하나는 두려움을 극복하고, 무의식적인 자기방어를 벗어 놓는 과정에서 '나'라고 생각하고 방어할 자아의 실체가 따로 없다는 사실을 알고 마음의 자유를 얻는 것입니다.

사람들이 어려움을 당하였을 때 무엇으로 다시 일어설 힘을 얻는가에 대한 연구를 하면서 인터뷰에 응해 주신 분들이 말씀하신 내용을 중심으로 다음과 같은 주제들을 정리해 보게 되었습니다.

---

* Park, H. (2015), Won Buddhist Coping in America among the 1st and 2nd generation Korean immigrant population, Doctroal dissertation, Loyola University in Maryland.

첫째는 수행입니다. 수행에 있어서는 정해진 시간에 마음을 모으는 좌선·염불·절 수행 등도 있었으나, 세대에 관계없이 생활 속에서 한 마음 멈추고 본래 마음을 챙기는 마음챙김 수행이 가장 많이 활용되고 있었습니다.

과거의 기억 속에 갇혀 있지 않고 미래에 대한 걱정에 사로잡히지 않으며 현재에 머무는 상태에서 나는 누구일까에 대한 정체성을 찾아가는 것은 마음챙김과 명상 수행의 중요한 요소를 차지하고 있었습니다.

둘째는 믿음입니다. 불교를 종교라기보다는 철학에 가깝다고 생각하는 사람들에게 믿음은 생소할 수 있습니다. 원불교 교도들에게 듣게 된 믿음은 인과보응과 업에 대한 이해를 새롭게 할 수 있었으며, 인과와 업은 과거에 일어난 일들을 받아들이고 인지하며 새로운 업을 창조하는 것이었습니다. 다만, 과거와 현재에 일어나는 일들에 대하여 받아들일 시간과 여유가 필요할 때는 서두르지 않고, 마음으로 받아들여질 때까지 기다려 주는 것도 코핑의 한 방법이었습니다.

또한 믿음은 어려울 때 직접적으로 따뜻하게 위로해 주고 도움을 주는 스승에 대한 믿음에서 시작되어, 자기 자신과 진리가 항상 함께한다는 진리에 대한 믿음으로 발전된다는 것을 알 수 있었습니다. 어떤 사람들은 자신에 대해 기본적으로 수용할 수 없는 면이 있거나 자신에게 남들이 싫어하거나 용서받지 못할 면이 있다고 믿기 때문에 누군가와 가까워지는 것을 두려워한다고 합니다.[*] 이러한 분들에게는 따뜻한 위로와 격려가 깊은 신뢰와 이해를 넓혀 가는 과정에서 반드시 필요한 것입니다. 심리치료의 과정에서도 상담자가 내담자에게 믿음을 주는 관계를 잘 발전시켜 나가면, 결국 내담자는 자기 자신을 믿을 수 있는 힘이 커져 타인과의 관계 속에서도 신뢰를 쌓아 갈 수 있게 되는 것과 같습니다. 믿음 중에서도 불법을 신앙하는 사람들에게는 인과와 업에 대한 믿음이 중요합니다. 인과에 대한 믿음은 세상을 보는 관점이나, 어떠한 행동을 결정하는 데 기준이 되어 줍니다. 인과와 업을 어떻게 이해하고 받아들이느냐에 따라 긍정적으로 삶을 이끌어 가는 바탕이 되기도 하고, 잘못 이해하면 삶에 부정적인 영향을 주기도 합니다.

  셋째는 공동체입니다. 공동체는 나를 있는 그대로 받아 주고, 내가 보호받을 수 있는 공간이며, 스승과 동지가 있는 곳이며, 진리와 법을 배우는 장소가 되어서 제 2의 고향처럼 마음의 안정과 안식을 얻는 곳입니다. 그래서 공동체는 코핑의

---

[*] Yalom, I. D. (2010), 『치료의 선물: 새로운 세대의 상담자와 내담자들에게 보내는 공개 서한』. 최웅용. 천성문. 김창대. 최한나 옮김. 서울: 시그마프레스, p. 12.

중요한 요소가 되는 믿음과 수행을 재충전하는 매개체 역할을 하고 있었습니다.

집중력·기억력·창의력·인내력·마음의 안정 등은 명상을 통하여 얻을 수 있는 효과입니다. 순간순간 변하는 마음을 바라볼 수 있는 힘을 기르는 과정에서 몸의 변화를 읽는 노력 또한 필요하며, 몸을 통해서 마음을 이해하고 마음을 통해서 몸을 이해하는 소통이 중요합니다. 건강한 인간의 모습은 자기 자신을 깊이 이해하면서도 만나는 모든 대상과 소통과 대화가 잘 이루어지는 사람이라 생각됩니다. 이러한 사람들의 수행이 계속되면, 어려움을 극복하는 마음의 힘은 결국 자비심으로 발전하게 됩니다.

또한 내가 아는 나의 모습, 내가 아는 나의 마음의 세계, 나와 가까운 사람이 아는 나의 모습, 그리고 나 자신도 잘 알 수 없는 또 다른 나의 모습 등 늘 새롭게 발견되는 나에 대한 이해가 필요합니다.

마음은 새로운 일들을 만나면 즐거워하기도 하는데, 몸은 낯선 상태에 처하면 긴장하고 적응하는 시간이 필요하니, 하나이면서도 둘인 몸과 마음의 관계를 새삼 다시 생각해 보게 됩니다.

이민이라는 이름으로 기존에 살던 곳을 떠나서 새로운 삶의 터전을 마련한다는 것은 며칠 또는 몇 달간 여행을 떠나는 것과는 달리 심리적 부담이 큰 일입니다. 게다가 돌보아야 할 가족이나 단체가 있다면 책임이 더 많이 느껴질 일입니다. 이민자가 새로운 문화에 적응하는 시간을 씨앗이 땅에 떨어져 뿌리를 내리는 데 걸리는 시간처럼 새로운 토양과 환경에 뿌리를 내리는 시간으로 비유할 수 있을 듯싶습니다. 그 씨앗이 자라 거대한 나무가 되고 숲을 이루어 숲의 향기를 세상에 나눌 수 있을 때까지는 자연의 재해와 인간이 스스로 불러일으키는 재앙도 다 이겨 내야 하는 시련의 과정이 반드시 있게 됩니다. 인생의 어려운 고비를 잘 견디어 내면서 내면의 힘을 쌓을 수 있다면, 그리고 그 힘이 실천을 통해서 삶 속에 뿌리 내릴 수 있다면 고통은 오히려 새 힘을 얻게 하는 밑거름이 되어 줄 것이고, 잘 견디어 내지 못하면 고통은 인생을 어렵게 하는 장벽일 수밖에 없습니다.

얼마 전 저에게 놀라움을 준 알로에 꽃의 이야기를 나누고 싶습니다. 오 년 전에 손가락 크기만한 알로에를 친구에게 선물로 받아 키워 왔는데, 이 알로에 화분에서 해마다 조그마한 꼬마 알로에들이 탄생되어 지난 몇 년 동안 20개가 넘는 알로에를 주변 친구들에게 선물하였습니다. 그런데, 얼마 전부터 그동안 제가 키워온 알로에에서 꽃대가 올라오기 시작했습니다. 햇볕이 잘 드는 자리에는 이미 다른 화분들이 있었기에 이 알로에 화분은 햇볕이 그다지 잘 들지 않는 곳에 있었습니다. 그런데 하루가 다르게 창가 쪽 화분들보다 더 큰 키로 꽃대가 자라, 마음껏 햇볕을 받으며 씩씩하게 꽃을 피워 가기 시작했습니다. 좋은 환경은 아니었지만 생명이 있고, 희망이 있기에 어려운 환경을 극복하고 가장 아름다운 꽃을 당당하게 피워 가는 모습을 보면서 생명의 신비에 감탄하였습니다.

이제부터 들려드리게 될 진솔한 삶의 이야기는 원불교를 종교로 받아들이고 살아가는 분들이 이민이라는 어려운 환경 속에서 어떻게 자신을 찾고 그 마음의 힘으로 어떻게 '참나'를 찾아가는지 안내해 드릴 것입니다. 이 조그마한 책자에 그분들의 삶을 모두 담아 내기에는 너무 부족하지만, 이 책이 새로운 환경에 적응하며 삶을 시작하시는 모든 분들께 작은 위로와 용기, 그리고 희망의 씨앗이 되길 바랍니다.

❖ 차 례

수 행

Cultivating the mind

1. 나는 누구일까?

당신은 누구입니까?
보통 이러한 질문을 외부에서 받게 되면,
우리는 일상적으로 내가 가지고 있는
사회적인 위치와 이름을 소개하고
조금 더 가까운 사이가 되면 가족 관계나 고향 또는,
일상적인 생활에 대해서 이야기하며 나를 소개하게 된다.
그런데, 이렇게 일상적인 대답을 할 수 없는 경우가 있다.
바로 내가 나 자신에게 물을 때이다.
나는 정말 누구일까?

정체성

많은 사람들이 스스로가 이방인처럼 느껴질 때, 외로움을 느끼고, 어디에도 소속된 것 같지 않을 때, 내가 누구인지 그 정체성을 찾아가는 여정이 시작된다. 이것은 건강한 자아를 형성해 가는 데 매우 중요한 과정이다.

미국에 이민 오신 분들을 만나면서 느꼈던 점은 모두 미국 땅에 처음 도착한 날짜를 정확히 기억한다는 사실이다. 우리는 인생에 있어서 중요한 전환점이 되었던 순간을 몸과 마음으로 기억한다.

처음 미국에 와서 영어에 익숙하지 않았을 때, 한국에서도 운전을 해 본 경험이 거의 없던 나는 늘 다른 사람의 도움을 받아서 활동해야 했다. 그런 나에게 어느 날 누군가 이렇게 말했다.

"미국에서 영어 못하고, 운전 못하면 장애인이에요. 혼자 다닐 수 있는 곳이 없을 텐데⋯⋯."

말도 통하지 않고, 혼자 이동도 자유롭지 않고, 그리고 고향에 살 때처럼 가족과 친구들도 만나기 어려운 이곳에서 홀로서기를 시작하면서 새로운 경험이 시작된다. 나는 예전에 익숙하던 편리함으로부터 아주 멀어져, 모든 것이 낯설고 어설픈 상태로 아무것도 장담할 수 없는 위치에 서게 된다. 나를 설명하기가 어려워지면서 여기 서 있는 나는 과거의 내가 맞는지, 새로운 나는 누구인지 정체성의 혼란이 시작되는 것이다.

미국에서 태어난 이민 2세들은 대부분 더 심각한 정체성의 혼란을 느낀다. 집에서는 부모님을 따라서 한국 문화 속에 자라고, 문밖에 나서면 미국 사람이다. 원불교를 신앙하는 사람은 한국인 교포 사이에서도 이방인이다. 미국에 거주하는 한국인 이민자의 70퍼센트 이상이 기독교를 신앙하기 때문이다.* 일반적으로, 청소년기에는 아이도 아니고 어른도 아닌 중간의 상태에서 성장통을 겪는다. 그런데 원불교 가정에서 태어나서 자란 미국의 한국인 교포 2세는 더욱 다양한 정체성의 혼란을 느끼게 되고, 여기에 대한 답을 찾아가는 과정에서 방황을 하기도 하며, 더 넓고 큰 포용력을 가진 사람으로 성장하기도 한다. 무엇으로도 나를 설명하기 어려워질 때, 우리는 정말 내가 누구인지 간절히 알고 싶어진다.

---

* Seol, K.O & Lee, R.M. (2012), The effects of religious socialization and religious identiy on Psychosocial functioning in Korean American adolescents from immigrant families. *Journal of Family Psychology, 26*(3), 371-380.

"중학교 때쯤이었을 거예요. 청소년기를 거치면서 심한 외로움을 느끼고, 사람들과의 관계에서도 불안감을 느꼈어요. 그때 나에 대한 이해를 위해서 원불교의 가르침을 찾게 되었죠. 이렇게 스스로 공부하게 된 건 내가 누구인지 그 정체성을 알고 싶어서였어요."

이 청년은 아시아인이 거의 살고 있지 않은 미국의 한 도시에서 코리안 아메리칸으로 자랐다. 그래서였을까, 보이지 않게 존재하는 소수 민족에 대한 인종차별로 그는 항상 대중 속에서 혼자 남는 느낌이었다고 한다.

독백처럼 담담히 이야기하는 이민 2세 청년의 목소리에서 외로움이 느껴진다. 우리는 흔히 소속감을 느끼게 되면서부터 가족의 한 구성원이나, 사회의 한 일원으로 자기의 몫을 생각하게 되고, 살아가는 의미나 삶의 목적 등을 생각하게 된다. 다른 사람들에게 자기의 존재를 인정받고, 받아들여지는 과정을 거치면서 사람들은 자존감을 키우게 되는 것이다. 낯선 환경에 홀로 서 있을 때 느끼는 막막함이 계속된다면 더욱 간절히 나는 누구인지, 어디에 속한 사람인지 알고 싶어질 것이다.

"코리안 아메리칸으로 사는 것은 마치 내 안에 서로 다른 두 사람이 살고 있는 것 같이 느껴져요. 하나는 전통적인 한국의 큰아들이고, 또 하나의 나는 그냥 평범한 미국인이에요. 내가 이렇게 느끼고 있다는 것을 대학교 가기 전까지 몰랐어요. 어떤 부분은 저희 부모님과 제가 서로 동의할 수 없는 것들이 있어요. 문화적 차이 때문이죠. 문화적 차이 때문에 서로 강한 주장을 하게 되고, 이러한 일이 잦아지다 보면 나는 어디에 속하는 사람인지 혼란이 와요. 이러한 혼란은 지금도 저의 삶에 영향을 주고 있어요."

미국에서 태어나고 자란 이 청년은 자기 안에 있는 두 가지 정체성이 서로 엇갈리는 혼란을 느끼고 있었다. 이러한 문화적 차이는 단지 이민 2세대들과 부모님들과의 충돌만이 아니라, 이 청년의 내면에서 끊임없이 일어나는 갈등이었다. 어느 때에는 자기중심적으로 생각하고 행동하고 싶은 마음이 많이 일어나는데, 그런 마음을 비판하는 죄책감을 갖게 되어 끊임없는 내면의 갈등을 겪게 된다는 것이다. 개인보다는 가족과 단체를 중요시하는 동양의 문화와는 달리 개인의 행복을 중요시하는 서양의 문화에서 교육받고 자라면서, 두 가지의 서로 다른 가치관이 끊임없는 내면의 갈등으로 이어지는 것이다.

이민자 사회에서, 그들의 정신 건강에 관해 이야기할 때에는 문화적 배경과 세대적 차이에 대한 문제를 함께 생각해야한다. 미국 이민 2세대는 이민 온 1세대 부모들 밑에서 태어나서 자란 한국계 미국인을 지칭한다. 반면에, 이민 1.5세대는 다른 나라에서 태어나서 아주 어린 나이에 미국에 이민 온 경우를 말한다.[*] 부모들 또한 새로운 사회와 문화에 적응하느라 어려움을 겪는 이민자의 가정일 경우, 부모들은 경제적인 부담과 의사소통의 어려움 때문에 자녀들에게 도움을 줄 만한 여유나 능력이 부족하므로, 자녀들의 정체성 문제는 더욱 심화될 수도 있다.

이렇게 매일 느끼는 정체성의 혼란 속에서 그러한 어려움을 어떻게 극복해 가는지에 대한 물음에 이민 2세대 청년들 대부분은 명상을 말했다. 긴 시간은 아니지만, 짧은 시간이라도 명상의 시간을 갖고 혼란스럽고 불안해지는 마음을 돌린다고 했다.

명상을 통해서 얻어지는 효과는, 주위 환경에 끌리지 않는 마음의 안정을 얻는다는 것이다. 내가 누구인가를 설명할 필

---

[*] Kim, S.S. (2004), The experiences of young Korean immigrants: A grounded theory of negotiating social, cultural, and generational boundaries. *Issues in Mental Health Nursing, 25*, 517-538.

요가 없이 과거와 현재 그리고, 앞으로 다가올 미래를 통해서 변함없이 존재하는 의식의 주체를 느끼게 되는 것이다. 몸과 마음의 변화를 의식하는 깨어있음은, 고요하고 밝으며 한결같은 알아차림 그 자체이다. 때로는 길게 심호흡을 하면서 들숨에 의식을 집중하기도 하고, 편안히 닐숨을 내쉬면서 천천히 호흡을 지켜본다. 그리고 그에 따라 반응하고 일어나는 몸의 변화와 마음의 감정·생각 등의 변화를 허공에 구름이 지나가는 것을 지켜보듯 바라보는 것이다. 바라보는 힘이 강해질수록 주변의 변화를 큰 흔들림 없이 대할 수 있고, 지혜롭게 상황을 대처할 수 있는 힘이 커진다.

인터뷰에 응한 분들의 마음챙김에 대한 경험과 체험을 나누는 시간을 통해서 마음챙김 수행은 있는 그대로의 자신의 감정·생각 변화들을 분별없이 바라보며 이해하고, 있는 그대로를 받아들일 수 있는 힘이라는 사실을 알 수 있었으며, 그와 함께 다음과 같은 이야기도 들을 수 있었다.

"세상은 계속 변하고 있어요. 세상의 모든 변화가 나를 이해하는 데 도움을 준다는 사실은 변함이 없다고 생각해요. 예를 들면 어떤 일이 발생했을 때, 나는 이 일을 어떻게 받아들이고 생각하는가를 스스로에게 질문하고 관찰하죠. 그렇게 생각하

고 행동하는 나의 내면에는 어떤 동기가 있었는가를 지켜보게
되어서, 마음챙김 수행은 일을 대할 때마다 나를 이해하는 데
도움을 줘요."

끊임없이 변화하는 세상을 불안함과 두려움으로 바라볼
수도 있지만, 변화가 오히려 나를 이해하고 나의 내면을 더
욱 성장시키는 기회라 생각한다면, 막연한 두려움이 사라지
고 열린 마음으로 세상을 바라볼 수 있게 될 것이다. 변화는
고통이 되기도 하고, 기회가 될 수도 있다. 그러므로 지금 이
순간을 바라보는 마음의 힘을 통하여 지금 내 몸과 마음에서
일어나고 있는 현상을 있는 그대로 볼 수 있는 힘을 얻는다면
변화에 휩쓸려 가지 않을 뿐 아니라, 나타난 현상 이면에 숨
어 있는 마음도 깨닫게 될 것이다.

무의식을 의식의 세계로 끌어올려 내가 누구인지 이해해
보는 기회를 찾는 것은 중요한 일이다. 현실에서 무의식적인
행동이나 감정의 상태를 스스로 잘 바라보고 이해한다면 습
관적인 행동들에도 변화를 가져올 수 있다.

"마음챙김 수행은 무의식적으로 하는 생각이나 행동의 습관
을 고치는 일이라고 생각해요. 예를 들면 운전을 할 때 대체로

사람들의 성격이나 습관이 나오거든요. 거칠게 운전을 하는 사람들 때문에 화가 날 때도 있는데, 그럴 때마다 즉각 화난 마음으로 반응하지 않고 마음챙김을 통해서 차분한 마음으로 운전을 계속하죠. 가족 간에도 성격이 급한 사람이 있어서 싸우는 경우가 있는데, 그럴 때도 마음챙김을 통해서 안정된 마음으로 대하면 싸움이 일어나지 않아요."

무의식적으로 하는 행동들을 자세히 살펴보면 그 안에 억압된 감정이나 해결되지 않은 문제들이 있을 수 있다. 그것을 해결하지 않은 채 계속 살다 보면 자신도 이해하지 못하는 방어적이거나 공격적인 행동들이 습관이 될 수 있다. 하지만 자신을 더 깊이 관찰하고 순간순간에 집중하면서 무의식적인 반응에 끌려다니지 않을 때 나를 이해하는 힘을 얻을 수 있는데, 마음챙김은 이 과정에서 습관에 끌려가지 않고 중심을 찾는 데 도움을 주고 있었다.

마음챙김 수행과 자기 정체성을 찾아가는 길과는 어떤 관계가 있을까. 일이 일어날 때마다 마음을 멈추고 현재 이 순간에 집중하는 수행을 계속하면, 주변 환경에 지배되지 않고 주체적으로 자기 자신을 있는 그대로 이해하는 힘을 얻게 된다.

"명상과 마음챙김을 통해서 밖에서 일어나는 일들이 나를 지배하도록 허용하지 않아요. 그것은 내가 해결해 나가야 할 과제이지 휩쓸려 버릴 일이 아니죠. 마음챙김과 명상의 힘이 그런 것이라고 생각해요."

마음이 요란하고 감정이 복받쳐 오를 때, 즉각 일어난 마음으로 반응하면 어떠한 일이 벌어지는가. 대부분 일이 지나간 후에서야 한번 더 깊이 생각해 보고 행동하지 않은 것을 반성한다. 명상을 통해서 변화하는 나의 감정을 지켜보는 힘을 키우면 무의식 속에서 반사적으로 행동하는 일들이 조금씩 줄어들고 의식 속에서 상황을 잘 대처하는 힘을 얻게 된다. 또한, 나의 마음을 흔들어 놓는 상황들을 바라보는 나의 관점이 바뀌게 된다. 즉, 외부에서 일어나는 어려운 일들은 나를 괴롭게 하는 일이 아니라, 나 자신을 이해하는 데 도움을 주는 기회가 된다는 사실을 알게 되는 것이다.

자아 존중감^{self-esteem}, 혹은 자존감은 자기 스스로를 얼마나 가치 있는 존재로 느끼고 있는가이다. 자기 자신이 세상에 얼마나 필요한 존재이며 사랑받을 가치가 있는 사람인가, 그리고 얼마나 능력이 있는 사람인가를 스스로 평가하고 믿는 정도에 따라 자존감이 달라진다. 자존감이 높은 사람은 스스로를 사랑하고 사랑받을 가치가 있는 사람이라고 믿는다.* 프로이드는 우리 마음속에 있는 것의 대부분이 세 살 이전에 형성된다고 한다. 우리는 살아가면서 특별한 생각이 없이 뇌에 저장되어 있는 무의식에 의해서 행동하기도 하고, 때로는 의식화된 기억에 의해 살기도 한다. 무의식화된 기억 속에는 머리로는 기억하지 못해도 몸이 기억하는 것들이 있다. 예를 들면 갓난아이일 때 배가 고파 울거나 도움이 필요해서 울 때, 아무도 돌보아 주는 사람이 없었던 경우와 조금만 울어도 바로 부모의 도움을 받았던 경우에 무의식적으로 자기 존재에 대한 가치관이 다르게 기억될 수 있다.

내가 필요할 때, 밖에 도움을 요청해도 아무도 도와줄 사람

---

*   Brown, J.D., Dutton, K.A., & Cook K.E., (2001), From the top down: Self-esteem and Self-evaluation. *Cognition and Emotion, 15*(5), 615-631.

이 없었던 사람은 내가 그렇게 귀한 존재가 아니라고 믿게 되어 자아 존중감이 낮아지게 되므로, 어려움이 있어도 주위 사람들에게 도움을 요청하지 않고 혼자서만 해결하려고 하다가 더욱 큰 어려움에 처하기도 한다.

그와는 다르게 조금만 울어도 바로 부모나 어른의 도움을 받고 자란 아이는 스스로 귀한 존재라는 자존감이 크게 된다. 그래서 세상을 살아가면서 어려움을 당하면 바로 주위의 도움을 요청할 수도 있고, 자신 있게 어려운 일에도 도전하는 용기를 갖게 된다. 이것은 몸과 마음에 저장된 무의식에 의해 자신이 이해할 수 없는 판단이나 행동들이 일어나고 있다는 사실을 알게 해 준다.

자존감은 어린 시절 무의식 속에 저장된 경험에 의해서 형성되기도 하지만, 성인이 된 후에 형성되기도 한다. 기존에 발표된 논문 중에서 「A Cost of pretending(Hussain & Langer, 2003)」이라는 제목의 논문이 있다. 내가 알지 못하는 것을 아는 척하여 주위 사람들에게 칭찬을 받았거나, 위기를 모면하였을 경우에 자존감이 낮아진다는 것이다.

왜 자기가 알지 못하는 사실을 아는 척해야 하는 경우가 발생할까? 의도적으로 칭찬을 받거나 인정을 받기 위해서 모르는 것도 아는 척하는 경우도 있겠지만, 이 같은 예는 처음 다른 나라에 이민 온 사람들이 새로운 환경에 적응하는 과정에서 흔히 찾아볼 수 있다.

처음 이민 온 사람들이 그 나라의 언어를 익히기 위해 현지의 학교에 가서 배우는 경우를 예로 들어 보자. 다른 나라 언어로 진행되는 수업에 처음 들어갔을 때 어떤 현상이 일어나겠는가. 본인의 경험을 돌이켜 보더라도, 알아듣지 못하는 수업을 조금이라도 알아듣기 위해서 앉아 있다 보면 정확히 알지는 못해도 대충 이해한 대로 이야기를 해야 할 경우가 있었다. 그나마 이야기를 해야 할 시간에 말을 하게 되면 다행이지만 질문도 못 하고 말도 못 하고 그냥 앉아 있다가 나오는 수업시간도 많았다. 질문이 없어서 못 한 것이 아니라 잘 알아듣지 못해서 할 말이 없었던 경우, 못 알아들었다는 말도 못 하고 알아듣는 척하고 넘어가는 수도 많이 있었다. 그런 날은 수업 후에 정말 기분이 좋지 않았다. 그 기분을 뭐라고 설명하기 어려웠는데 바로 자존감의 문제였다. 대중의 의견에 분위기 봐서 적당히 넘어가는 사람들의 이면에는 그러한 일을 겪을 때마다 치러야 하는 대가가 있었다. 바로 자존감이 낮아진다는 것이다.

미국에 오면 다양한 사람들이 살고 있음을 알게 된다. 다양성을 존중하는 민주적 사회라는 미국의 이미지 이면을 자세히 들여다보면 아직도 존재하는 소수인에 대한 차별, 인종에 대한 차별 등을 많이 볼 수 있다. 이렇게 자존감이 낮아질 수 있는 환경에 많이 노출되는 상황에서도 꿋꿋하게 자신을 찾고 지켜 나가는 힘은 어디서 오는 것일까? 원불교를 신앙하면서 달라진 점이 있다면 무엇이냐는 질문에 다음과 같이 대답하신 분이 있다.

"옛날에는 내가 중심이 되지 못하고 주위의 환경에 그냥 바로 반응해서 움직여 버렸는데, 원불교에서 마음공부를 한 지금은 주위에서 어떤 바람이 불어오더라도 그렇게 바람에 흔들리지 않는다는 것이죠."

주위의 환경에 흔들리지 않는 중심을 자기 내면에서 찾을 수 있다는 것은 행복한 일이다. 이것은 살아 있는 생명이면 누구나 겪게 되는 생로병사의 변화에, 또는 우리의 인생 앞에 언제나 일어날 수 있는 길흉화복의 변화에 능동적으로 대처해 갈 수 있는 힘이 생긴 것이라고 할 수 있다. 이처럼 내 삶의 주체를 찾아가는 여정에서 모든 것이 끊임없이 변하는 이치를 제대로 보고 마주할 수 있는 마음의 힘을 갖추는 것은 나 자신을 찾고 지키는 일 중의 하나다.

이민 2세대들은 청소년기를 지나 성인이 되면서 정체성을 확립해 가지만 그 과정에 있어서는 많은 고민과 갈등을 겪는다. 그러나 나는 누구인가에 대한 질문에 스스로 답을 찾아가기 시작하면서부터 비로소 자신에 대해 솔직하게 이야기할 수 있게 되고, 자신이 가진 믿음이나 자신의 삶에 대해서 진지하게 다른 사람들과도 이야기할 수 있는 힘이 생기는 것이다. 자존감도, 솔직하게 나를 표현할 수 있는 능력이 생기고, 마음공부를 통해 마음의 중심을 잡아 나갈 때 함께 커 가는 것이 아닐까.

2. 명상

명상을 통해서 우리가 체험할 수 있는 것은,
깨어 있는 마음으로 몸과 마음의 변화를 지켜보면서
현재 이 순간에 머문다는 것이다.
실체가 있는 것 같이 느껴졌던 관념, 두려움, 욕심 등도
원래 실체가 없는 것이라 순간순간 변해 가는 것을 보면서
일어난 한 마음에 얽매이지 않으면
자유로울 수 있는 힘을 얻는다.

마음의 안정

현재에 깨어 있으려는 마음챙김mindfulness 수행은 원불교에서는 예측하기 어려운 현실 상황 속에서 항상 온전한 정신을 챙기는 마음공부로 이어지고, 이것은 곧 불완전한 상황 속에서도 마음의 평화와 안정을 가져오는 방법으로도 활용된다.

이민 2세 청년A는 학원 강사로 일하고 있다. 학원에서 학생들이 너무 소란스럽고 말을 잘 듣지 않을 때, 그는 아이들에게 화를 내는 대신 몇 초라도 심호흡을 하여 마음을 안정시킨다. 이렇게 하면, 아이들에게 과도하게 반응하여 화를 내는 일이 없게 된다. 그래서 쉬는 시간을 이용해서 꼭 5분이라도 호흡명상을 한다고 한다. 스스로 마음을 다스리지 않으면 어차피 학생들과 한 교실에서 보내야 할 시간들이 지옥같이 괴로운 시간이 될 수도 있기 때문이다. 그런데, 마음을 가라앉히고 아이들을 대하면 아이들의 반응도 조금씩 달라진다는 것이다. 그래서 그는 스트레스를 받는 일이 있을 때마다 다시 마음을 챙겨, 현재 이 순간에 깨어 있으려는 노력을 한다고 한다. 정기적으로 명상을 하지는 않지만, 걷기명상이나 호흡명상 등을 때에 따라 생활 속에서 활용한다.

미국에 오신 지 40여 년이 된 이민 1세대 어른은 정년퇴임

이후 10여 년간 꾸준히 좌선명상과 더불어 염불과 백팔배 등을 새벽이나 저녁에 하고 있으며, 이러한 수행의 가장 큰 효과는 마음의 안정이라고 하였다.

"우선 내 마음이 평온해. 아침에 일어나서 좌선을 하고 그러면 내 마음이 그렇게 편안할 수가 없어요. 그러니까, 우리 신앙이 남에게 의지해서 하는 신앙이 아니잖아요. 사실은 우리 스스로가 수행하는 거니까. 그러다 보면, 내 마음이 편해지고 개개인의 마음이 평안해지면, 세계가 다 평화로워지는 것이지. 평화를 갈구하는 것이 어떤 큰 방법에만 있는 게 아니잖아요. 그러니까 내 마음이 편하면 그 모습이 다른 사람에게 나타날 거 아니에요. 내 마음이 불편하면 그 불편한 게 나타날 거고……. 그러니까 내 마음이 항상 편안하니까 밖으로 나타나는 것도 편안한 태도가 되고, 남들도 그 편안한 마음을 느낄 테니까. 그렇게 하다 보면 대종사님*이 말씀하신 게 하나씩 하나씩 머릿속이 아니라 가슴과 마음속에 들어오고, 그러면 세상도 같이 느끼게 되는 것 같아."

심리학자 최인철 교수는 『프레임』**이라는 책에서 '타인에

---

* 원불교의 창시자. 소태산 박중빈 대종사를 원불교 교도들은 대종사님이라 지칭함.

** 최인철. (2016). 『프레임 : 나를 바꾸는 심리학의 지혜』, 21세기 북스, p.168

게는 나 자신이 상황이다'라는 인식을 갖는 것. 다른 사람의 행동이 바로 '나'라는 상황 때문에 기인한다는 깨달음이 지혜와 인격의 핵심이라고 말한다.

우리는 나의 마음 안정이 나에게만 도움이 된다고 생각하기 쉬우나, 나의 마음 안정은 다른 사람에게도 안정감과 편안함을 주는 역할을 한다. 결국, 평화로운 세상의 시작도 나의 마음 안정을 찾는 곳에서부터인 것이다.

한 마음 돌리기

마음챙김 수행이 마음의 안정을 얻는 예는 명상을 통해서 하는 경우도 있지만, '세상의 모든 것이 다 마음의 짓는 바'라는 일체유심조一切有心造 사상에 바탕하여 한 마음 돌리는 것으로 활용되기도 한다.

어릴 때 미국에 이민 와서 대학을 다니고 있는 청년을 만났다. 그녀는 같은 환경 속에 있어도 나의 마음이 어떤 관점에서 상황을 이해하고 받아들이느냐에 따라 상황을 대하는 자신의 태도가 달라지고 삶이 달라진다는 사실을 알게 되었다.

"제가 학기 초에 인터뷰를 많이 했어요. 인터뷰를 잘 못해서 스트레스가 많이 쌓이고, 슬럼프에 빠져서 좀 우울하고 그랬어요. 그런데, 그때 이 상황이 바깥에서부터 온 것이 아니라 내가 생각하기 나름이라고, 이렇게 마음을 돌려서 잘 헤쳐나간 것 같아요. 그래서 그런 경계*가 있을 때마다 마음을 돌리는 것이 저에게 가장 중요한 마음공부예요. 그게 공부에도 도움이 되고 가장 필요한 부분인 것 같아요."

관점에 따라서 우리는 인생을 '고통의 바다'로 표현하기도 하고, '은혜의 세상'으로 표현하기도 한다. 하기 어렵고 잘 되지 않을 것 같다는 불안감을 편안한 마음으로 하면 잘 될 것이라는 긍정적 마음으로 돌린 이 청년은 결과적으로 안정된 마음으로 인터뷰에 응할 수 있게 되고 좋은 학교에 합격할 수 있었다.

한 마음을 돌려서 마음에 안정을 얻게 되면, 외부에서 일어나는 일들을 잘 대처해 나갈 수 있다. 반면에 한 마음을 놓치면, 순간적으로 내가 의도하지 않은 곳에 시간을 낭비하기도 하고, 반복적인 행동을 통해서 원하지 않은 습관을 키우기

---

* 인식하거나 가치 판단이 되는 모든 것. 인과의 이치에 따라서 일상생활 속에서 부딪치게 되는 모든 일들. 곧 나와 관계되는 일체의 대상을 말한다.

도 한다. 부처님 말씀에도 있듯이 한 마음이 요란해지면, 허공 꽃이 따라서 일어난다. 나의 한 생각에 따라서 나의 삶이 즉각 즉각 반응하고 변하는 것을 실지로 경험하게 된 예도 있다.

어느 날, 조용히 공부하던 시간에 공부의 효율을 높이겠다고 음악을 듣고 싶은 마음이 일어난 때가 있었다. 음악을 듣다가 좋다는 한 생각이 일어나자 친구에게 소개해 주어야겠다는 마음이 일어난다. 그래서 이메일로 보내 주고 나니, 이왕이면 하나 더 보내면 좋겠다는 생각이 든다. 그리고 다시 더 좋은 음악을 찾기 시작한다. 하던 일을 멈추고 음악 찾기에 열중한다. 별로 맘에 드는 음악이 없다. 시간은 자꾸 가고, 여기저기 찾아보지만 마음만 더 요란해진다. 잠시 멈추고 이 마음이 어디서 왔는지 생각해 본다.

공부를 하다가 너무 조용하니까 음악이 있으면 좋겠다는 생각에 음악을 듣기 시작하고, 음악에 맞추어 떠오르는 한 생각을 따르다 보니 하던 일도 못 하고 시간만 허송하게 된 것이다. 좋게 하려는 한 생각, 그것이 꼬리에 꼬리를 물어 더 좋게, 더 좋은 건 없을까 분별하고 고르기 시작한다. 그 분별하는 마음에는 끝이 없다. 비교하다 보면, 언제나 더 싫고 좋은 것이 계속 나오기 때문이다. 드디어 근원을 보고 분별하는 마음을 멈추니 세상이 조용해진다. 좋고 싫은 분별을 떠나서 순간순간 상대가 없는 자리에 쉬어 보자. 크게 쉬고, 크게 쉬어 가자. 쉰다는 것은 일을 멈추는 걸 의미하지 않는다. 마음에서 분별심이 쉰다는 의미이다. 비어 있는 마음은 무엇을 해도 고요하고 맑다. 비어 있는 마음에서 안심을 얻고, 긍정적인 마음으로 세상을 대한다면 더욱 큰 힘을 얻게 될 것이다. 분별하는 마음을 원래 분별이 없는 본래 마음자리로 돌리는 것이 한 마음 돌리는 공부이다.

원불교의 정산 종사[*]는 허공은 천하 만물의 주인이니 천지는 허공을 이용하여 그 덕을 베풀며, 빈 마음은 만물의 주인이니 이 빈 마음을 잘 이용하여야 물질 이용도 잘하게 되리라 하였다.[**]

빈 마음은 분별심 · 비교심 · 상대심을 떠나 있기 때문에 조화롭고 평화롭다. 숲을 바라보면 크고 작은 나무들이 각자의 크기와 모양대로 자유롭게 서 있으면서도 조화를 이룬다. 그러나 좋은 것, 싫은 것이라는 분별하는 마음이 일어나는 순간부터 잘 알아차리지 못하게 되고 그 마음에 끌려 비교하는 마음도 일어난다. 그렇게 상대와 비교하다 보면 끝없이 만족

[*] 원불교 2대 종법사, 정산 송규 종사 (1900-1962).
[**] 정산종사 법어 원리편 20장.

할 수 없는 갈증이 생기는 것이다. 갈증이 생긴다고 바닷물을 마시면 더 심한 갈증이 일어나듯이 비교심과 상대심에 마음이 괴로울 때는 상대방을 어떻게 해서든지 이겨 보려는 마음보다는 그 비교하는 마음을 비우고 나 자신을 있는 그대로 돌아보는 힘이 필요하다.

어릴 때부터 불교에 관심을 갖고 있었고, 미국에 이민 와서도 불교 사찰과 원불교 교당을 다니신 교도님은 다음과 같은 이야기를 들려주셨다.

"일단 마음수행을 하고 마음을 비우게 되면 사회생활할 때에도 걸리지 않는 거죠. 직장에 가서도 마음을 비우고 있는 거예요. 누가 나의 마음에 거슬리는 일을 해도 나는 거기에 좋다, 나쁘다라는 감정까지 가질 않는 거예요. 보면 본 걸로 거기서 끝나는 거예요. 또 누가 듣기 싫은 소리를 했다 그러면 그건 그냥 소리다, 소리……. 그런데 사람들은 그 소리에 너무 집착하고 거기에 머물죠. 그러면 이제 거기에 따른 감정이 일어나는 것이지요. 저것이 좋은 소리다, 나쁜 소리다 이렇게……. 저는 여기까지는 안 가는 거예요. 소리가 들렸다 하면 거기서 끝내 버리죠. 마음수행이 그렇게 적용이 되는 거예요. 생활하고 수행이 분리가 되는 게 아니고."

허공에서 일어나는 일들의 공통점은 뿌리가 없다는 것, 그래서 흔적 없이 순간순간 변하고 있다는 것이다. 어떠한 고정관념이나 두려움이나 욕심에 사로잡혀 있으면, 순간순간 모든 것이 변해 가는 것을 받아들이지 못하고 괴로움만 키울 수 있다.

명상을 통해서 우리가 체험할 수 있는 것은 오직 깨어 있는 마음으로 몸과 마음의 변화를 지켜보면서 현재 이 순간에 머문다는 것이다. 실체가 있는 것 같이 느껴졌던 관념·두려움·욕심 등도 원래 실체가 없는 것이다. 그래서 순간적으로 분별심이 일어날 때, 또는 일어난 한 생각이나 감정에 끌려갈 때 바로 알아차리자. 허공처럼 모든 것을 포함하고 있되, 분별 없이 깨어 있는 상태로 돌아감이 중요하다.

3. 마음챙김

마음챙김을 통해서 얻을 수 있는 효과 중의 하나는
감정에서 자유로워진다는 것이다.
이것은 일어난 감정을 부정하거나
억지로 조절하려고 하는 것이 아니라,
깊이 있게 이해하고 받아들여
일어난 감정이 스스로 사라짐을 보는 것이다.
마치 우는 아이가 울게 된 원인을 이해받으면
울음을 그치듯이……

"마음챙김은 선입관이나 관념에서 벗어나 현재 이 순간에 나의 생각과 감정을 있는 그대로 진실로 이해하는 것이라고 생각해요. 그래서 어떤 상황에 처하더라도 지금 이 순간을 명확하게 보고, 거기에 맞게 행동하는 것이죠."

미국에서 태어나서 자란 청년 B는 병원에서 일하고 있다. 매일 병원에 찾아오는 손님들을 상대하다 보면 감정이 상할 때도 많다. 몸이 아파서 찾아온 사람들은 더욱 마음에 여유가 없어서 직원들에게 쉽게 짜증을 내고 화를 내는 일이 많다고 한다. 그러한 환경에서 매일 일을 하다 보면 스트레스를 많이 받는데 그럴 때마다 B는 마음챙김 수행을 한다. 온전한 한 마음을 챙겨 병원을 찾은 손님들에 대한 선입관을 비우니 환자들의 다급한 마음을 이해하게 되었다고 한다. 그 후, 그는 주변의 다른 직원들에게도 온전한 마음으로 환자들을 대할 수 있도록 호흡명상을 통한 마음챙김을 권유해 주기도 한다.

"저에게 마음챙김은 집중하고 지금 이 순간을 받아들이는 능력이에요. 저는 마음챙김을 통해서 화를 가라앉혀요. 염불이든 호흡명상*이든 좌선명상**이든 상황에 따라서 활용하는 마음챙김은 더 좋은 삶을 살아가는 데 도움이 되죠."

선입관을 버리고 일어난 생각과 감정을 그대로 이해하면 마음도 안정을 얻고, 감정도 스스로 가라앉는 것을 볼 수 있게 된다. 온전한 마음으로 있는 그대로의 감정을 바라보고 이해해 주고 받아들여, 감정의 순화가 저절로 오도록 하는 마음챙김 수행은 복잡한 현대를 살아가는 우리들에게 꼭 필요한 마음 공부법 중 하나이다.

안정과 여유

과도한 스트레스로 우울한 기분이 지속되면 삶에 의욕이 없어지고, 몸을 조금 움직이는 데에도 노력이 필요하며, 일상적인 활동도 동기부여가 되지 않아 어려움을 겪게 된다.*** 감정을 표현하지 못하고 누르거나 감추는 일이 많아지며, 표출

---

* 들숨과 날숨에 초점을 맞추어 알아차림을 하는 수행.
** 정좌하여 행하는 선의 방법.
*** Thomas M.(2004), *Depressed & Anxious:The Dialectical Behavior Therapy Workbook for Overcoming Depression & Anxiety*, New Harbinger Publication.

되지도 못하고 이해받지도 못한 감정들이 쌓이고 쌓여 우울한 상태가 6개월 이상 지속되면 우울증을 의심해 봐야 한다. 이러한 상태는 스스로가 주어진 환경이나 스트레스에 대해서 대응할 능동적인 힘이 없다고 믿게 만들고, 의욕이 없어져서 일상적인 생활마저 다른 사람에게 의존해서 살아야 하는 지경에 이를 수도 있다. 이 때 중요한 것은 감정에 대한 이해이다. 우울증의 원인 중 하나는 상실감이다. 나와 아주 가까운 사람이 세상을 떠났거나 사랑하는 사람과 이별을 했거나 오랫동안 꿈꾸어 왔던 희망이 좌절되었을 때, 또는 갑자기 모든 환경이 바뀌어 스스로 무력함을 느꼈을 때도 찾아올 수 있다. 그 우울함의 내면을 깊이 들여다보면 표현되지 못한 분노 · 슬픔 · 불안함 · 원망 · 죄책감 · 기다림 등등의 감정들이 섞여 있다. 그러한 감정들에게 하나씩 이름을 붙이고, 느껴 보고, 건강한 방식으로 표현도 해 보고, 믿을 수 있는 사람과 이야기도 해 보면서 하나씩 정리해 가지 않으면, 우울증이 깊어져서 살아갈 의욕도 잃어버릴 수 있다. 사람을 기피하고 대화가 끊어지고, 남에게 자꾸 의지하려는 마음이 많아지면 스스로의 마음이나 감정들을 자세히 정리해 볼 필요가 있다.

이때에 도움이 되는 것은 전문가에게 상담을 해 보는 것이다. 병이 깊어질 때까지 방치해 두지 말고, 육신의 건강을 체

크하기 위해 정기검진 받듯이 마음의 상태도 전문가를 만나서 상담해 보는 것이 좋다. 아주 어릴 때부터 하루에 2-3회 마음의 세계를 돌아보는 시간을 가지면 좋은데, 그 기준은 내 마음이 얼마나 부정적인 생각으로 가득 차 있는지 점검해 보는 것이다. 그리고 그것들을 비워 낸 후 긍정적인 생각들을 해 볼 필요가 있다.

어느 정도의 변화는 새로운 마음을 갖게 해 주고, 신기하게도 느껴지고 더 배우고 싶은 욕구도 갖게 한다. 그러나 환경적인 것이든 인간관계에 관한 것이든 직업에 관계된 것이든 간에 너무나 큰 변화가 한꺼번에 몰아쳐 오면 위기감을 느낀다. 더 이상의 변화는 감당하기 어렵다는 위기의식과 함께 변화를 받아들이거나 인정하고 싶지 않은 마음이 올라오게 된다. 그 밑바닥에는 두려움이 있다.

아이들이 입던 옷이나 물건에 집착하고 부모와 잠시라도 떨어져 있는 것을 두려워하는 것도 바로 변화에 대한 두려움이 있을 때가 많다. 어른의 경우에는 생각이 부정적이 되고, 감정이 격해지고, 새로운 일은 안 하고 싶고 하던 일에 안주하거나, 아니면 얼마의 기간이라도 아무 생각 없이 휴가를 가고 싶은 생각이 가득하다면 이것은 우리의 몸과 마음에서 보내오는 중요한 신호이다. 쉬어 가야겠다는 생각이 절실히 들

때는 쉬어 주는 지혜가 필요하다. 나의 감정이나 마음의 세계에 관심을 두지 않고 일만 추진하면서 살다 보면 마음에 병이 들어 정말 큰 어려움을 겪을 수 있기 때문이다.

마음챙김 수행은 현재의 마음 상태를 잘 이해해 주고, 감정의 순화를 가져와 마음의 안정과 여유를 갖게 해 준다. 급격히 변하는 현대 사회를 살아가는 이들에게 생각 없이 달려오기만 했던 발걸음을 한번 멈추고 크게 숨 한번 들이쉬고 잠깐이라도 지친 마음을 위로하며 쉬어 가게 하는 여유는 소중한 일이다. 한두 번의 명상으로 일시적인 감정의 순화나 마음의 안정을 얻는 것도 중요하지만, 지속적이고 정기적인 명상의 시간을 일과로 정해 놓고 매일 조금씩 하다 보면 몸과 마음이 안정되는 변화가 올 것이다.

원불교를 신앙한 지 50년이 되었다는 칠십 대 후반의 교도님은 미국에 이민 와서 언어와 문화가 달라서 많은 어려움이 있긴 했지만 꾸준히 교리 연마도 하고, 직장에서 퇴직한 이후로는 정기적으로 좌선을 하니 작은 일에 감정적으로 휩쓸리는 경우가 적어지고, 어떤 상황에서도 당장 일어난 일에 대한 반응보다는 내가 어떻게 반응하느냐에 따라 일어날 결과에 대한 것까지 생각해 볼 마음의 여유가 생겼다고 한다. 그래서 외부의 자극에 대응해서 바로 행동하는 것이 아니라, 깊이 생각해 보고, 한발 늦추어 행동에 옮기는 여유를 갖게 되었다고 한다.

이렇게 명상을 통해서 마음의 안정과 여유를 얻게 되면 나의 감정과 마음을 이해하는 데 도움이 되기도 하지만 때로는 상대방의 마음을 이해할 수 있는 열린 마음도 된다. 명상이 인간관계에 있어서도 서로를 배려하고 이해하는 데 큰 도움이 되었다는 실제적인 예화도 있었다.

"나이가 들은 탓도 있지만, 제일 많이 부딪치는 것이 가정에서는 부부간의 문제인데, 우리는 부부간에 언성 높이고 싸운 일이 한 번도 없어요. 결혼한 지 한 55년 정도 되었어요. 물론, 젊었을 때야 싸울 때도 종종 있었지만, 원불교를 공부한 뒤로는 싸울 일이 없어요. 지금은 제 아내가 목소리가 크면, 그에 대응해서 싸우기보다는 큰 목소리가 나오니까 건강해서 좋구나, 이렇게 생각해요. 그것도 감사할 일이다, 그렇게 생각하면 싸울 일이 없잖아요. 저 우렁찬 목소리가 나오는 것은 건강의 상징이 아니냐. 저것도 좋은 일이다, 이렇게 생각해요. 그래서 거기에 바로 대응하지 않으면 싸우지 않죠. 대개 싸우는 것은 빠른 시간에 바로 답을 하기 때문이죠. 상대방의 이야기를 듣고 내가 오해해서 싸우는 일이 많거든요. 또는 내 마음을 몰라

주어서 아니면, 어떤 상황을 잘 몰랐을 때는 '당신이 이렇게 말했는데 사실은 이런 것이고, 당신이 이런 행동을 했을 때 이런 결과가 올 수가 있다.' 이렇게 다시 설명을 해 주면, 거의 90 퍼센트는 이해를 하지요. 시간을 두고 설명을 해 주면 싸울 일이 없는데, 그에 대해서 바로 즉흥적으로 답을 한다든지 언성을 높인다든지 그렇게 되면 싸우는 것이죠. 그것은 내가 볼 때 원불교를 믿은 덕도 있고, 아침에 좌선을 하는 덕도 있다고 생각을 합니다."

요란한 마음이 일어났을 때 즉각 반응하지 않고 멈추어 잘 생각해 볼 수 있는 여유를 찾는 것은, 마치 달리던 자동차가 돌발 상황을 만났을 때 멈추어 사고를 예방하는 것과 같다. 마음에서 행동으로 옮기기 전에 멈추어 온전한 마음을 챙기고 지혜롭게 대응하는 것이 바로 마음챙김의 활용이다.

마음챙김 수행을 깊이 하는 사람일수록 내재된 감정이나 마음의 상태와 표면화되는 감정의 상태가 높은 일치율을 보인다고 한다.[*] 위의 인터뷰어의 내용에서 알 수 있는 것은 현재 이 순간에 잠깐 멈추어 생각할 여유를 갖게 된 후에는 서

---

[*] Brown, K.W., & Ryan, R.M. (2003). The benefits of being present: Mindfulness and its role in psychological well-being, *Journal of Personality and Social Psychology, 84*(4), 822-848.

로의 마음을 잘 이해할 수 있는 원활한 소통의 시간을 갖게 되다는 것이다. 인간관계에 있어서 갈등을 일으키는 중요한 원인 중의 하나가 서로의 마음을 이해하지 못하는 데서 온다. 자신 안에 내재된 감정을 스스로 잘 이해하지 못할 때 상대방에게서도 이해받지 못하는 느낌을 갖게 되기 쉽다. 마음챙김 수행을 통해 내 감정을 먼저 이해하고, 열린 마음으로 상대의 마음을 들어주며 그 후, 내 생각을 표현하는 소통의 과정을 자주 갖게 된다면 많은 인간관계가 더 깊어지고 원만해질 것이다.

4. 온전한 마음으로 취사하기

원불교 마음공부를 통하여
전체적인 상황을 먼저 파악하고,
상대방의 마음도 이해하며,
실제 상황에서는 온전한 마음으로
일을 잘 해결해 나가는
힘을 길렀다.

지혜로운 대응

그동안 종교의 역할은 주로 어렵고 힘든 일이 있을 때 그 상황을 이해하고 받아들이는 데 중요한 가르침을 주는 역할이었다. 또한, 심리치료에 활용된 불교의 명상법은 마음의 안정을 얻고, 불필요한 스트레스를 받지 않도록 하는 데 주로 활용되어 왔다. 그러나 원불교 교도들을 대상으로 한 인터뷰 결과에서는 실생활에서 직접적인 문제해결에 활용하는 종교적 수행의 예를 많이 발견할 수 있었다.

"옛날에 저희 딸이 차를 타고 나갔는데, 빨리 안 들어와요. 남편은 잠이 들었는데, 저는 애가 들어올 때까지 불안해서 잠을 잘 수가 없었어요. 전화가 왔는데, 차가 어느 고속도로 입구에서 고장이 나서 움직이지 않는다는 거예요. 그게 새벽 1시예요. 그러니까 나 혼자 갈 수도 없고 남편을 깨우긴 해야 하는데, 이 사람이 일어나면 반드시 화를 낼 텐데 곤란한 상황이잖아요. 곤히 잠들었는데 깨우면 그것 때문에 화가 날 수도 있고, 자기 딸이 문제가 생겼으니 화가 날 수도 있고, 무슨 이유에서든지 화는 나게 되어 있었지요. 그래서 그 당시에 나는 어떻게 처신을 해야 하는가, mindfulness^{마음챙김} 수행에 들어가서, 내가 어떻게 해야 모든 일이 평화스럽게 끝나게 될까 생각했어요. 그 사건 자체는 간단할지 몰라도 그것으로 인해서 일어나는 감정과 내가 말을 던지고 나서 그 말 때문에 벌어질 일들은 많이 있을 것 아니에요. 그래서 '여보, 차가 고장이 났대요.' 그럼 이 사람이 분명 화를 낼 것이다, 그런 것을 미리 예측을 하고 말을 꺼낸 것이죠. 그 사람이 화를 낼 때, 내가 말을 조심해야겠다는 생각을 먼저 하고, 그렇게 마음의 준비를 하고 말을 했더니 훨씬 상황이 나빠지지 않았어요. 내가 마음을 가다듬고 그 사람이 소리치면 먼저 그 사람 편을 들어주고. 그리고 너무 심하게 말하지 말라고 자꾸 신호를 주고 해서 최대한 평화롭게 상황을 만들었지요. 저는 그것이 mindfulness라고 생각해요. 왜냐하면 react즉각반응를 하지 않고, respond대응를 하도록 내 자신의 마음을 챙겼으니까요. 한밤중에 일어나면 속이 상하지 않을 사람이 어디 있겠어요? 당연히 속상하지. 안 그러길 바라지만, 일단 그런 일이 생기면 react를 하지 않고 response를 해서 잘 해결하도록 하는 게 mindfulness라고 생각해요."

살아가다 보면 예상치 못한 일들이 벌어지고, 함께 문제를 해결해 나가야 할 가족 간에도 서로 감정 대립을 하다 보면,

실제 문제해결보다는 불필요한 말다툼이나 서로에게 상처만 주는 상황으로 넘어가 더 큰 가족 간의 불화를 일으킬 수 있다. 미국에 이민 온 지 50년이 넘은 C 씨는 원불교를 신앙하면서 마음공부를 실제 생활 속에서 활용하였다. 즉, 전체적인 상황을 먼저 파악하고, 또 상대방의 상태나 마음도 이해하여, 문제해결을 잘 해 나갈 수 있도록 미리 마음의 준비를 한 것이다. 그리고 상황을 대하여서는 더욱 온전한 마음으로 문제해결을 이끌어 내는 마음챙김 수행을 하였다. 이러한 수행은 원불교의 상시 훈련법에 그대로 밝혀져 있는데, 이는 생활 속에서 마음공부를 하는 원불교 수행법의 특색을 잘 나타내 주는 가르침으로 실제 생활 속에서 마음을 단련하고 활용하도록 도움을 준다.

마음챙김 수행이 마음의 안정을 얻도록 하는 데 도움이 되어, 화를 내는 일이 줄어들고 심리적 고통을 경감시키는 데 활용된 사례는 기존에도 있었다.* 그러나 마음챙김 수행이 심리치료에 활용될 때, 문제해결problem solving을 하는 코핑으로 활용되는 예는 찾기 어려웠다.

여기서 생각해 볼 수 있는 문제는 지금 이 순간 깨어 있음

---

*   Germer, C.K. (2005). Mindfulness: What is it? What does it matter? In Germer, C.K., Siegel, R.D., & Fulton, P.R. (Ed.). *Mindfullness and Psychotherapy* (pp.1-27). New York, NY: Guilford Press.

을 통해서 다음에 일어날 일들도 미리 연마해서 준비를 한 후에 문제를 해결해 나가야 한다는 것이다. 준비가 없으면 일에 실수가 많아지거나 감정적으로 상황에 이끌려 가기 쉽다. 그러나 위와 같이 지혜롭게 준비가 된 일은 실수가 적고, 그 상황에 맞는 대응이 가능해져서 고통과 갈등 없이 문제를 원만하게 해결할 수 있게 된다.

선입관 없이 보기

원불교 교도 D 씨는 청소년기를 지나고 있는 아들과의 갈등을 마음챙김 수행을 통해서 어떻게 극복해 가고 있는지 자상히 설명해 주었다. D 씨의 아들은 미국에서 자라 이제 사춘기를 지나는 시기에 있었다. 어릴 때에는 착하고 말을 잘 듣던 아이가 사춘기가 되면서 한국에서 교육을 받고 자라 온 어머니의 관점과 다르게 행동하고, 말도 잘 안 듣는 것 같았다. 그래서 아들에게 지적을 계속하다 보니 서로 마음에 상처를 주고 대화도 어렵게 된 상태에 있었다. D 씨에게 가장 도움이 된 것은 아이에게만 문제가 있는 것이 아니라 본인의 선입관에도 문제가 있다는 사실을 자각한 부분이다. 그 이후로 D 씨는 아들에게 화가 나거나 지적을 하고 싶을 때마다 마음 챙기는 공부를 했다고 한다. 예를 들면, '나의 가치관을 아이에게 똑같이 적용하지 말자.' 또는 '일단 마음이 일어나면 멈추고, 바로 반응하기 보다는 한발 늦추어 행동하자.' '아이의 입장에서 한번 생각해 보자.' 등 마음을 챙기는 조항을 정해서 마음이 일어날 때마다 대조를 해 보고 실행을 한 결과, 아이가 조금씩 달라졌다고 한다. 그동안 본인의 가치관을 아이에게 확인시키고, 본인이 원하는 대로 아이가 따라야 된다는 선입관이 있어서 아이와의 관계에 어려움이 있었다는 것을 알게 된 것이다. 지금은 마음 챙기는 공부를 통해서 다른 사람의 생각도 알게 되고, 본인의 문제도 알게 되었다. 마음이 일어날 때마다 마음 챙기는 유념 조항*에 이를 대조하다 보니 아들도 이해할 수 있게 되고, 아들과의 관계도 개선된 것이다.

마음챙김에 대해 오래 연구를 해 온 심리학자 엘렌 랭어 교수는 마음챙김의 반대인 마음놓침의 현상은 어떤 대상을 처음 접했을 때 형성된 마인드 세트mindset**, 즉 선입견에 의해서 계속 그 대상을 대하게 될 때 더 깊어진다고 말한다. 모든 것

---

* 원불교의 유무념 공부는 모든 일을 당하여 유념으로 처리한 것과 무념으로 처리한 것을 일기에 조사 기재하도록 하여 마음챙김을 대조하도록 하는 것인데, 하자는 조목과 말자는 조목에 취사하는 주의심을 가지고 한 것은 유념이라고 취사하는 주의심이 없이 한 것은 무념이라 한다.

** 엘렌 랭어. (2015), 『마음챙김』, 더퀘스트, p.58.

은 수시로 변화하고 있는데, 나의 생각만은 고정관념으로 변함없이 대상을 보게 되니 마음 놓침 현상이 생기는 것이다. 대부분의 부모와 자녀의 갈등도 변화하고 성장해 가는 자녀를 있는 그대로 보지 못하고, 부모 자신이 자랄 때 배운 가치관과 선입관으로 자녀를 판단하면서 일어나게 된다. 선입관을 놓는 공부를 하려면, 먼저 내 마음 안에 형성되어 있는 마인드 세트가 무엇인지 마음챙김을 통해서 돌아보는 시간이 필요하다.

5. 있는 그대로의 자기 자신을 보듬어 주기

마음챙김 수행으로
있는 그대로의 자기 자신을 보듬어 주고
이해해 주고 격려해 주는 마음이 자라고 크는 과정에서,
상처받은 자아를 치료하고,
다른 사람의 아픔도 내 아픔으로 느끼고
감싸줄 수 있는 자비와 사랑이 싹트게 된다.

미국에서 태어나서 자란 이민 2세대는 어떻게 불법을 삶 속에서 활용하고 있을까. 인터뷰에 응한 한 청년은 부처님의 무상無常에 대한 가르침, 즉 '이 세상의 모든 것은 변하고 있다'는 가르침이 큰 힘이 되었다고 하였다. 그래서 본인이 현재 처한 상황도 변한다는 것을 알기에, 현실을 받아들이고 배워갈 수 있는 힘을 얻었다고 한다.

모든 것은 변한다는 것 그리고, 그 변화의 주체는 바로 나의 마음이라는 가르침이 현재의 어려운 상황들을 있는 그대로 받아들이고 극복해 가는 데 도움이 된 것이다. 지금도 인종과 문화의 차이 때문에 소외되기도 하고 정체성의 혼란도 겪고 있지만, 이 모든 것이 늘 그대로 멈추어 있는 것이 아니라 변화되어 간다는 생각을 하게 됨으로써 희망을 보게 된 것이다.

"원불교의 가르침에서 도움이 되는 것 중의 하나가 어떤 상황에 대해서 정답을 주지 않는다는 거예요. 모든 것은 진행형이에요. 이건 흑백의 논리로 이것이 아니면 저것이라는 극단적인 답은 없다는 것이죠. 저는 원불교 교전에 나온 모든 가르침을 다 이해하고 받아들이지는 못해요. 그렇지만 중요한 것은 어떠한 결론에 도달할 수 있도록 결과보다는 모든 과정을 더 중요하게 생각한다는 거예요. 저는 마음챙김을 통해서 저의 생각을 깊이 있게 듣고, 최선을 다해서 그 생각들을 정리하고 진행하고 이해해 가고 있어요. 모든 것은 늘 진행형이에요."

이렇게 결과보다는 과정을 중요시하는 생각을 갖게 되면서부터 이 청년은 자기 자신에 대해서도 가족 간의 갈등에 있어서도 항상 열린 마음을 가지게 되었다. 그래서 지금 당장 문제를 해결할 수 있는 정답을 찾지 못했다 하더라도 과정이 더 중요하다는 마음으로 이해하려 노력한다는 것이다.

지금은 답을 얻지 못했지만, 그래도 괜찮다고 여길 수 있는 마음의 여유는 당장 답을 얻지 못한 것에 대한 불안감과 스스로에 대한 자책감에서 한걸음 물러 설 수 있는 공간을 제공한다. 마음을 다해 여행을 하는 사람은 모든 과정과 순간순간이 목적지가 되듯이 마음을 챙기며 살아가는 사람은 삶 속에서 순간 순간을 열린 마음으로 배움과 성장의 기회로 맞이한다.

"미국에서 태어나서 자라 온 저는 늘 신에 대해서 궁금했어요. 모두가 믿고 의지하는 신을 저도 이해하고 싶었고, 제가 믿는 원불교의 일원상진리*도 신과 같은 존재로 생각하면 되는지 많이 궁금했어요. 그런데, 이제는 그게 중요하지 않아요. 신이 존재하는지 하지 않는지, 일원상 진리가 신과 어떻게 같은지 다른지, 이제는 그게 중요하지 않아요. 저에게 중요한 것은 단순해요. 제가 얼마나 정직하고 좋은 사람이 되느냐, 얼마나 자비심을 키우고 사느냐, 그리고 얼마나 부지런하고 항상 깨어 있는 사람이 되느냐, 그것이 저의 삶에 가장 중요한 것이죠."

관념적인 생각보다는 얼마나 내가 아는 것들을 실천하고 사느냐에 관심을 두고, 깨어 있는 마음으로 진정한 나는 누구인지를 찾아가는 여정에 바로 마음챙김 수행이 함께하고 있었다.

종교 간의 갈등에는 많은 요소가 있겠지만, 그중에서도 그 믿음을 통해서 어떠한 사람이 되는가에 대한 관심보다는 어떠한 믿음을 가져야 한다는 이념에 묶여 있게 되면 분별과 갈등이 더 심화되는 경우가 많다. 언어와 개념이 서로를 이해하는 데 필요하지만, 종교와 영성의 근본적인 가르침을 이해하

---

*   원불교에서 우주만유의 궁극적인 진리를 상징하는 말.

기 위해서는 언어와 개념 이면에 있는 실체를 직시하는 것이 중요하다. 이러한 수행이 있는 그대로의 나 자신을 이해하고 순간순간을 깨어 있는 마음으로 살아갈 수 있게 해 주기 때문이다.

인도 경전 「아슈타바크라기타」에 이런 말이 있다고 한다.

'삶의 파도들이 일어나고 가라앉게 두라. 너는 잃을 것도 얻을 것도 없다. 너는 바다 그 자체이므로.'*

개념과 이념 등의 분별의 잣대로 서로의 다름을 배워 가는 것도 필요하지만 파도 이면에 있는 바다를 직시하는 힘을 기르면 현실을 창조해 가는 힘이 생긴다.

있는 그대로의 자신을 받아들이기

미국에 이민 온 지 20년이 넘는 E씨는 그동안 미국에서 원불교 신앙생활을 하면서 본인의 삶에 달라진 점이 있다고 한다. 전에 종교생활을 할 때는 본인의 이상적인 좋은 모습만 보여 주려고 애쓰고 현실과는 별개로 생각했다. 그런데, 이제

---

* 류시화. (2017). 『새는 날아가면서 뒤돌아보지 않는다』. 더숲. p.17.

는 현실생활 속에서 자기 자신에 대한 이해와 사랑이 깊어져서 있는 그대로의 자신을 받아들이게 되었다고 한다. 그리고 타인을 바라볼 때도 선입관을 놓고 있는 그대로 볼 수 있는 포용력과 이해심이 깊어졌다고 한다.

40년 넘게 미국에서 공부하고 직장생활을 해 오신 또 다른 분도 원불교를 처음 만났을 때의 자기 자신과 많은 세월 동안 종교생활을 해 온 지금의 자신과 달라진 점이 아쉬우면 찾는 종교에서 이제는 언제 어디서나 함께하는 종교가 된 것이라고 얘기했다.

"저는 초지일관 변화가 있다고 생각하고 있지는 않지만, 그동안 원불교는 원불교, 나는 나, 이렇게 생각했었는데 점점 가까워진 지금은 나는 원불교, 원불교는 나, 이렇게 같이 나가게 되었어요. 원불교가 멀리 떨어져 있는 것이 아니라 내 마음에 쏙 들어와 버린 것이지요. 그래서 내가 편한 대로 써먹는 것이 아니라 원불교와 내가 하나가 된 거예요. 처음에도 원불교가 좋다는 생각은 내 맘에 있었지만, 귀찮은데 뭘 해, 그러면서 '선禪'도 그냥 적당할 때 하고, 교당에만 나가서 그냥 기도 잘하고 그러면 되는 것이지, 집에서 '경經'은 왜 읽고 그래. 그런 건 나이 많은 할머니들이나 하는 일이지, 나 같은 사람이 뭐

하러 그런 걸 해. 그런 마음이었어요. 그렇지만 이제는 그러
면 안 돼, 나와 원불교가 합치가 되어야 해, 그런 생각입니다.
이게 달라진 점입니다. 원불교 마음공부를 자기 편리하게 갖
다가 쓰는 것으로 생각하면 안 된다는 것이죠. 원불교가 편리
한 나의 생활도구가 아니라, 바로 내가 거기에 뛰어들어 가지
고 나와 원불교가 하나, 혼연일치가 되어야 그게 정말 원불교
인이지 적당하게 같이 가면서 그냥 원불교는 원불교, 나는 나,
이렇게 하면 이건 진정한 원불교인이 아니라는 말씀이지요."

　자신의 종교가 자신의 정체성으로 자리하기까지 진정한
노력과 시간이 함께했을 것이다. 여기에 어떤 걸림돌이 있다
면 종교활동이 마음에서 우러나오는 행복이 아니라 책임감
이나 의무감이 될 때가 아닐까. 마음에서 우러나오는 평화와
행복은 항상 우리의 마음이 얼마나 나 자신을 이해하며 서로
의 마음을 이해하고 있는가에 달려 있다. 공감은 하나가 되는
힘이다. 위기가 왔을 때 그 위기를 오히려 더 큰 발전의 계기
로 만든 사례들이 많이 있으며, 그 바탕에는 늘 이해와 공감
이라는 바탕이 깔려 있었다. 내가 나의 아픔과 고통을 진정으
로 이해하고 타인의 아픔을 공감해 줄 때 치유와 발전의 길이
열리는 것이다. 그 속에서 참 나를 찾아가는 여정이 시작된

다.

마음챙김 수행으로 있는 그대로의 자기 자신을 보듬어 주고 이해해 주고 격려해 주는 마음이 자라고 크는 과정에서 상처받은 자아를 치료하고, 다른 사람의 아픔도 내 아픔으로 느끼고 감싸줄 수 있는 자비와 사랑이 싹트고 있었다.

우리가 흔히 말하는 자아의 개념은 현재의 내 몸과 마음에 국한이 되어 있다. 하지만 그렇게 나만을 중심으로 생각하고 집착하는 것이 고통의 시작이다. 건강한 자아는 작은 나의 국한을 벗어나서 나의 이웃, 나아가서는 우주 자연 전체를 나와 한 가족으로 여긴다.

원불교의 수행은 있는 그대로의 자신을 받아들일 수 있고, 건강한 자아를 형성하는 데 도움을 주며, 나아가서는 깨달음을 통해 우주 전체가 한 생명이고 서로 없어서는 살 수 없는 은혜의 관계라는 것을 알고 느끼고 실천해 갈 수 있게 한다.

믿음
Faith in Dharma

1. 간절한 마음

간절한 기도는 이 우주 전체의 좋은 기운들이
나와 함께하는 것으로 느껴지게 한다.
마치 어머니의 따스한 손길에서
느껴지는 마음처럼……

사랑과 안정을 주는 기도

캄캄한 어둠을 헤치고 매일 저녁, 일과를 마치고 잠자기 전에 기숙사의 맨 위층에 있는 기도실에서 간절한 마음으로 기도하던 때가 있었다. 기도는 지금도 계속되고 있지만, 어찌 보면 가장 힘들고 어려웠던 시절에 나는 끊임없이 간절한 기도를 올렸다. 기도의 내용보다도 기도하는 마음 자체가 나에게는 큰 힘이 되었다.

어려운 일에 부딪쳐 잘 헤쳐 나갈 용기가 나지 않을 때, 또는 큰 원을 이루고자 할 때는 기도를 통해서 나의 신념과 의지를 다지는 것도 중요하고, 나와 함께하는 인연들의 도움도 필요하며, 보이지 않는 진리의 힘도 필요할 것이다.

원불교의 예타원 전이창 종사님은 기도에 대하여 이렇게 정의하였다.

'기도란 내 안으로 신념을 다지는 길이며, 매일 매일 정성으로 염원을 올릴 때 이 소원을 기필코 이루리라는 의욕과 의지가 굳게 자리잡게 되어 할 수 없을 것 같은 일도 해내는 기적을 이루어 낸다.'*

---

* 전이창 (1998), 『기도』, 도서출판 솔리, p.5

'지성이면 감천'이라는 옛말처럼, 지극한 정성을 다하는 기도는 하늘을 감동시키고, 내 안에 있는 두려움과 어려움도 다 녹여내는 힘이 있어서 주변의 사람들도 영향을 받고, 보이지 않는 진리의 힘도 나와 함께하는 느낌을 갖게 되는 것이다.

어릴 때부터 어머니의 정성스럽게 기도하시는 모습은 나에게 늘 감동이었다. 비가 오나 눈이 오나, 한결같이 이른 새벽에 교당에 기도를 하러 다니셨던 어머니의 모습은 어린 시절 나의 기억 속에 생생하다. 1시간 넘게 버스를 타고 교당에 다녀오시고, 아침을 준비하시는 모습이 한결같아서 어머니에 대한 존경심이 늘 마음 한편에 있었다. 그래서일까, 기도는 나의 삶의 일부가 되었다.

우리가 살아가면서 가장 힘든 순간에 생각나는 사람이 있다면 자력이 없을 때 낳아 주시고 길러 주시고 보살펴 주신 부모님일 것이다. 어머니의 존재는 우리 인생에서 두려움과 어려움이 있을 때, 두 손을 꼭 잡아 주면서 위안과 위로를 주는 사랑 그 자체가 아닐까. 믿음이라는 한 단어를 떠올리면 함께 연상되는 것이 사랑과 안정이다.

미국에 처음 왔을 때, 나는 운전을 해 본 경험이 거의 없는 상태로 지냈고, 서툴게 운전 연습을 하다가 접촉사고를 낸 이후로는 더욱 운전하기를 꺼려 하였다. 하지만, 대중교통이 한국처럼 많지 않은 이곳에서 운전은 필수였다. 미국에 온 지 8년이 지난 후, 나는 필라델피아에서 근무하면서 워싱턴 근교에 있는 대학에 공부를 하러 다니게 되었다. 매주 장거리 운전을 해야 하는 것이다. 운전대를 잡기 전에 몸에서부터 긴장이 왔지만, 새벽부터 기도하는 마음으로 운전을 하다 보면 마음이 더욱 잘 챙겨지고 집중이 잘 되었다. 돌아보면 7년이란 세월 동안 매주 장거리 운전을 하며 학교를 다닌 일이 신기하기도 하지만, 간절한 마음은 어려움을 극복하는 데 정말 큰 힘이 되었고, 기도하는 마음을 통해서 이 우주 전체의 좋은 기운들이 나와 함께하는 것으로 느껴져서 마음 든든했다. 마치 어머니의 따스한 손길에서 느낄 수 있는 마음처럼……

기도는 진리와의 약속

종교적 믿음도 어쩌면 사람들 간에 공들여 쌓아 가는 신뢰와 크게 다르지 않다. 무언가 이루고 싶은 일을 간절히 바라기만 한다고 해서 그 일이 이루어지는 것은 아니다. 체중을 줄이고 싶은 사람이 1년치 체육관 사용료를 지불해 놓고 운동을 하러 가지 않으면 돈만 손해보는 것처럼 실질적인 노력이 없으면 간절한 바람도 이룰 수 없는 것이 된다. 간절히 원하는 바가 있을 때 종교에서는 기도를 한다. 간절한 기도를 하면서 마음을 다지고 용기를 내어 보고, 실지 상황에서 일이 되도록 도전을 계속해 보는 것이다. 정성을 다해서 일이 이루어지도록 실질적인 노력을 하면서 진리 앞에 기도를 병행하는 것이다. 그래서 기도는 진리와 또는 종교적 절대자와 나와의 약속이나 계약이라고 표현하는 분도 있다.

믿음에는 반드시 이해가 뒤따라야 한다. 맹목적으로 믿기만 하고 그것을 이해하지 못한다면 잘못된 길, 어리석은 방향으로 갈 수도 있고, 믿고서 깨닫지 못하면 어리석음만 더 늘어갈 수도 있다. 하지만, 공들여 쌓아 가는 바른 믿음과 이해는 인생을 바르게 이끌어 주는 큰 힘이 된다.

50년 이상 원불교를 신앙해 오신 교도님을 만났다. 미국에 이민을 오신 지 40년이 지난 이분으로부터 어떠한 계기가 있어서 그렇게 한결같은 신앙심으로 일관할 수 있었는지 그 살아오신 이야기를 듣게 되었다.

"특별하게 어려운 일은 없었어요. 그런데 한번, 우리 남편이 사고를 당했어요. 그때 법신불 사은님*께 제가 빌었어요. '사

---

* 법신불은 진리 그 자체. 법신불 사은은 일원상 진리의 본체와 현상을 합친 말. 법신불 사은은 원불교에서 가장 일반화되어 있는 신앙 대상의 호칭이며 내용이다.

은님*, 저사람이 아무 후유증 없이 깨어나게 해 주세요. 그러
면 제가 제 힘을 다해서 무아봉공**하겠습니다.' 그렇게 기도를
했어요. 그때는 정말 간절했어요. 그런데 그때, 제가 제일 먼저
전화한 곳이 교당에 계신 스승님께였어요. 그 사람이 다친 날
바로 전화를 드렸지요. 기도하자고 하시더라고요. 스승님께서
도 기도하시고, 나는 병원 로비에 앉아서 기도했어요. 거기 조
용히 기도할 수 있는 공간이 있거든요. 중환자를 병원에 맡겨
놓고, 가족들이 다 기도하는 마음으로 있을 거 아니에요. 그렇
게 앉아 있는데, 수술을 2시간 반에서 3시간 했을 거예요. 그
동안 제가 기도밖에 할 게 뭐 있겠어요. 그 당시에는 제가 염
불을 한다든지, 영주***를 한다든지, 그런 것 없이 그냥 그렇게
생각만 모으고 앉아 있는 거예요. 그렇게 했는데, 정말 그 사
람이 아무 이상없이 회복이 되었어요. 후유증도 없고, 그래서
그때부터 제가 법신불 사은님께 약속을 했으니, 조금 더 적극
적으로 봉공활동을 하고 그랬어요."

---

* 　사은(四恩)은 원불교 교리의 신앙과 수행의 두 문 가운데 신앙문에 속하며, 천
지은, 부모은, 동포은, 법률은을 말한다. 우주 만유가 없어서는 살 수 없는 은혜의
관계로 이루어져 있는데, 이를 네 가지 은혜로 크게 분류한 것이다.
** 　개인이나 자기 가족만을 위하려는 사상과 자유방종하는 행동을 버리고, 오직 이
타적 대승행으로써 일체중생을 제도하는 데 성심성의를 다하자는 것.
*** 　신령스러운 주문이라는 뜻이며, 원불교에서 사용하는 대표적인 주문의 하나이다.

정말 간절한 마음이 되면, 무엇을 바라고 빌기보다는 그냥 오롯하게 그 한 마음을 모으고 있는 것이다. 그 외에는 머리로 무엇을 생각할 겨를이 없다. 사랑하는 사람이 생사의 기로에 있음에도 불구하고 우리가 그 사람을 위해 실질적으로 도움을 줄 수 있는 것이 아무것도 없을 때, 우리는 무엇을 할 것인가. 그냥 그 간절한 마음을 모으는 것이다. 이분은 기도가 어느 면에서는 진리와 내가 negotiation협상을 하는 것이라고 했다. '진리께서 이렇게 나의 원을 들어주시면, 나는 이렇게 보답하겠습니다.'라고 약속을 하게 되는 것이다. 그래서 이분은 그날 이후로 남편을 무사히 살려달라는 기도대로 수술이 후유증 없이 잘 되었으므로, 더욱 열심히 세상에 유익한 일을 하기 위해 노력해 오고 있다고 한다. 이것이 진리와의 약속을 지키기 위한 일이기 때문이다.

믿음과 신뢰는 길을 열어 주고

이제 겨우 두 살이 되어 가는 아이가 있었다. 이 아이가 나와 가까워지게 된 계기가 있다. 아이가 물이 먹고 싶다고 했을 때 물을 뜨러 갔는데, 이 아이가 너무 어려서 차가운 물은 마시지 못할 것 같다는 생각이 들었다. 그래서 차가운 물과 따뜻한 물을 섞어서 적당한 온도를 만들어 주었다. 아이가 물맛을 조심스럽게 본다. 그리고, 맘에 들었는지 얼른 다 마시고 또 달라고 한다. 눈빛이 편안해 보인다. 갈증이 해소된 것이다. 그 다음엔 나와 더 같이 있고 싶어하고, 함께 놀고 싶어한다. 이 사람은 믿을 수 있다고 생각했던 모양이다. 말은 없었지만 아이를 생각하는 나의 마음이 전해진 것이다. 말로 표현은 잘 못하지만, 아이들은 정말 빠르게 느끼고 느낀 대로 반응한다. 생각이 적고 순수하기 때문이다. 마치 자연에 가깝다. 나의 한 마음, 한 생각을 다 읽고 있는 것처럼 아이들은 느끼고 반응한다. 이러한 미세한 순간적 마음의 작용들을 스스로 잘 읽을 수 있다면 좋지만, 그렇지 못할 때는 아이들과 함께하면서 많이 배운다. 나의 한 생각이 상대방에게 어떤 영향을 주는지.

미국에 원불교가 들어오던 시기에 이민을 오셔서 교당이 시작되는 시기를 함께 보내신 한 교도님은 믿음에 대해서 특별히 어떤 계기가 있어서 믿게 된 것이 아니고, 스승님과의 깊은 인연에 의해서 스승님을 믿고 늘 함께하며 가르침을 받다 보니 가랑비에 옷이 젖듯이 그 가르침이 생활 속으로 들어왔다고 이야기해 주셨다.

"나에게는 이것은 신앙이고 이것은 생활이다 하는 그런 구분이 없었던 것 같아요. 그러니까, 내 일상은 딱 세 가지였어요. 사업하면서 일하러 가고, 집에 오고, 교당* 가고 그렇게 세 가지만 하니까 다른 사회 활동은 많이 못 한 것 같아요. 교당 일에 많은 시간을 할애하고 또, 교당에 신경을 많이 썼어요. 그러니까, 나는 딱 세 군데만 다닌 것 같아요. 처음부터 법이라는 것을 안 것이 아니에요. 내가 좋아하고 존경하는 스승님이 계시니까 그분으로 인해서 원불교를 더 깊이 알게 된 것이죠. 그 전에 원불교를 먼저 알고 스승님을 알게 된 것이 아니에요. 그러니까, 스승님에 대한 믿음이 워낙 간절했었기 때문에 그분 말씀이라면 하나도 거역해 본 적이 없었던 것 같아요. 내가 생각하기에는 스승님 말씀이 지금 당장은 마음에 안 들더라도 어느 때 보면, 그분 말씀이 맞는 거예요. 그러니까 따라가게 되고, 따라가다 보니까 그것이 법으로 자연스럽게 변해 간 것이지요. 어떤 계기가 있어서 이것이 참 좋다 이런 생각을 해 본 건 아니에요."

이분은 이민 생활에서의 어려움도 믿음과 신뢰를 주는 스승님을 모시고 가르침을 받으면서 극복해 갔고, 초창기 교당

---

* 원불교에서 법회 및 의식을 진행하는 장소. 지도인에게 문답감정 받는 곳.

의 어려움을 함께 보내면서 마음공부와 원불교의 가르침에 대해서 변하지 않는 확고한 믿음이 생겼다고 한다.

두 아이의 어머니인 한 교도님은 처음 미국 왔을 때, 언어와 문화가 낯설고, 특히 아들의 교육문제로 어려움이 있는 날에는 항상 교당을 찾았다고 한다. 교당에 계신 교무님의 손을 잡고 있으면, 아무 말도 하지 않았지만 본인이 가지고 있는 모든 어려움을 교무님이 다 들어주시는 것 같았다고 한다. 사연이 너무 많아서 말로 다 표현할 수 없을 때, 그리고 삶의 어려운 순간에는 어머니의 손길처럼 따뜻하게 나를 이해해 주고 위로해 주는 누군가가 있다는 사실 자체가 큰 힘이 될 것이다.

믿음은 이렇듯 한 순간에 오지 않는다. 수많은 시간 동안 공을 들여 탑을 쌓듯이 한 마음, 한 생각, 바르게, 자비롭게, 사랑하는 마음으로 실행을 하다 보면 믿음이 형성된다. 이렇게 쌓아 간 믿음을 우리는 신뢰라고 한다. 신뢰는 튼튼한 다리가 되어 주고, 넓은 대로가 되어 주고, 때로는 갈 수 없을 것 같은 험한 산에서도 길이 되어 주어 불가능할 것 같아 보이던 일도 가능하게 해 준다.

2. 감사하는 마음

아무리 큰 일이 닥쳤다 하더라도,
염불과 좌선으로 마음을 안정시켜
현재 이 순간을 맞이하면,
현명하게 순간순간을 대처해 나갈 힘을 얻을 수 있다.
더 크게 올 수 있는 시련도 방지할 수 있고, 그 안에서
시련이 오히려 나의 마음을 크게 성장시키는 계기가 된다.
원망이 감사와 은혜로 변할 수 있는 계기가 되는 것이다.

믿음은 어떠한 힘을 발휘할까. 가장 어려운 순간에 칠흙 같은 어둠을 뚫고 밝게 빛나는 희망의 불빛이라고 표현하면 좋을 것 같다. 갑자기 일어난 역경 속에서 불같이 일어나는 원망과 두려움과 불안에 떨던 마음이 어느 순간에 안정을 얻고 오히려 감사의 마음으로 변할 수 있었다는 이야기를 들으면, 어떻게 실제로 그렇게 마음을 돌리는 일이 가능할지 궁금해진다.

H씨는 미국에 이민 와서 오랫동안 염원하던 본인 소유의 세탁소를 운영하게 되었다. 그런데, 그 지역이 장사가 잘 되지 않는 곳이라는 사실을 뒤늦게 알게 되었고, 계속되는 적자로 인해 가게를 운영할 수 없는 상황에 놓이게 되었다. 그래서 가게를 정리하고 매매하게 되었다고 한다.

예기치 않은 일이 발생한 것은 가게 계약이 끝나고 가게 보험 계약도 해지하고, 새 주인에게 넘기기 전날 밤 늦은 시각이었다. 갑자기 세탁소에 전기 누전으로 인한 화재가 발생하여 가게가 위치해 있는 쇼핑몰 전체로 화재가 번질 수 있는 위기에 처하게 된 것이다. H씨는 당시의 상황을 다음과 같이 회고하였다.

"소방관들도 추위에 밖에서 다 떨고 서 있는데, 춥다고 저 혼자 차 속에 들어가 앉아 있을 수도 없잖아요. 그래서 같이 떨고 있는데, 소방관들이 차 속에 들어가 기다리라고 하더군요. 차 속에 들어가자 염불*을 하게 되더라고요. 그 순간 대종사님께 너무나 고마운 생각이 들었어요. 내가 어떻게 인연이 닿아서 원불교를 알아 지금 이런 순간에도 이렇게 염불을 할 수 있구나. 그러고 나니 불이 난 것은 난 것이고, 내가 이런다고 불이 난 것이 없어지는 것도 아니고, 무엇이든 진행되는 것은 진행되는 것이란 생각이 들었어요. 제가 막을 수가 없잖아요. 이건 발 동동거린다고 해결되는 일도 아니고요. 그리고, 돈을 받을 수 있는 것은 다 받아서 갚을 만큼 갚아 보고, 그래도 못 갚으면 그 대가를 내가 치르면 되는 것이고, 역시 그 조그마한 돈이라도 내 것이 아니었나 보다 하고 여기면 되겠지, 그렇게 생각하니까 시원한 마음이 들어요. 역시 내 것이 아니니까 털어 버리자. 돈 없어도 살게 되겠지. 얼마나 고마워요, 그걸 알게 해 주어서. 이 법보다도 그냥 대종사님께 고마운 거예요. 원불교를 알았기 때문에 지금 이렇게 마음이 편해지는구나 싶

---

* 염불은 아미타불의 명호를 일심으로 부르며, 천만 가지 생각을 한 생각으로 만들고, 그 한 생각을 계속 이어가는 것. 염불은 좌선과 함께 원불교의 중요한 수행 방법이다.

더라구요. 마음이 편안해지니까 그 순간에 선이 되요. 그리고 계속 염불과 선을 했어요. 차 속에 앉아서……. 그 뒤로 이제 겁이 안 나요. 불이 나든 소방관들이 늦게 오든 어차피 시간이 되어야 오니까. 그렇게 생각하니, 마음이 안정되었어요. 너무 고마웠어요. 나중에 수리해 가는 것도 제가 보험이 없으니까, 돈이 더 들겠지만 어차피 나갈 돈은 나가야 되니까. 붙들 필요가 없다는 생각이 드는 거예요. 이렇게 생각하니까, 그게 아깝지가 않아요. 대종사님 법이 아니고는 제가 그렇게 마음 쓰는 것을 어디서 배워서 그런 생각을 했겠어요. 어림도 없죠."

이렇게 어려운 상황 속에도 감사를 한 이분은 남은 일들 또한 지혜롭게 대처하여 가장 최선의 선택들을 해 나갈 수 있었다. 이미 일어나 버린 일이 내가 걱정을 해도 도움이 되지 않는 상황일 때, 그리고 앞으로 일어날 일은 아직 돌아오지 않았기에 앞당겨 걱정한다 해도 전혀 도움이 안 되는 상황일 때가 많다. 그럴 때 우리는 불같이 일어나는 불안과 긴장으로 어찌하지 못하고 속만 태우거나, 정리되지 않은 생각을 행동으로 옮겨 더 큰 화를 불러일으킬 때가 많이 있다. 이런 때 정신을 똑바로 차리고 온전한 한 마음 챙기기가 쉽지 않다. 그러나 그 순간 과거와 미래에 끌리지 않고 현재의 내 마음을 바로 챙기는 것이 중요하다.

　아무리 큰 일이 닥쳤다 하더라도 염불과 좌선으로 마음 안정을 시켜가는 과정에서 현재 이 순간을 맞이하면, 현명하게 순간순간을 대처해 나갈 힘을 얻어 더 크게 올 수도 있는 시련을 방지할 수 있다. 그리고 그 안에서 시련이 오히려 나의 마음을 크게 성장시켜 준 계기가 되어 원망이 감사와 은혜로 변할 수 있는 계기를 맞이하는 것이다.

3. 둘이 아닌 하나
- 나의 믿음과 수행이 하나가 되어 가는 과정

나와 나의 믿음 세계가 하나가 되어
성자의 가르침을 몸과 마음으로 실현해 가는 가운데,
더욱 성숙하게 자기 자신을 이해하게 되고,
타인의 마음까지 이해해 줄 수 있는 성자의 마음이
내 안에서 커 간다.

처음으로 종교생활을 시작했을 때의 나의 모습과 현재의 내 모습은 어떤 변화가 있었을까. 인터뷰에 응해 주신 분들의 대다수가 처음으로 원불교를 만나게 된 시점과 상관없이 진정으로 원불교를 본인의 종교라고 받아들이고 수행하게 된 것은 미국에 이민을 와서부터라고 답하였다. 다른 나라에 이민을 온다는 것 자체가 인생에 있어서 얼마나 중요한 계기가 되었는지 알 수 있는 부분이다.

미국에 이민 온 지 50년이 넘는 J씨는 처음에 미국에 왔을 때 가장 가깝게 있는 교당이 다섯 시간을 운전해야 갈 수 있는 거리였다고 한다. 그분은 1박 2일 일정으로 가족과 함께 교당에 다녔다고 한다. 40여 년을 미국에서 의사로 활동하면서 정년퇴임할 때까지 한 번도 의료사고를 내거나 법정에 고소된 일이 없다면 의사로서 정말 성공한 삶이라고 하면서, 스스로 성공한 삶의 비결을 원불교의 가르침 덕분이라고 했다.

"우리 원불교에서는 '모든 게 다 빈 거다'라고 가르치죠. 산스크리트어로는 'sunyata*' 우리 마음이 원래 비어 있는 것이

---

* 공(空): 우주 만물은 인연에 의하여 일시적으로 생겨나서 곧 없어지고 마는 것이므로 영원하고 고정된 실체가 없다는 의미.

다. 그렇게 다 비우고 나니까, 어려운 일이 닥쳐도 이것은 지나가는 것이라고 생각하게 되었죠. 그러니까 아, 내가 이렇게 속세에 살고 있으면서도 천상락*을 누릴 수가 있구나. 세상에 모든 사람들이 인간락을 추구하는데, 나는 천상락을 누리고 있구나. 천상락이 뭡니까? 마음이 편안하고 행복할 때, 거기엔 천당이 따로 없는 거예요. 나는 항상 천당에 가는 것을 죽어서 할 게 아니라고 생각해요. 이 생에서 천당을 즐기기 위해서는 대종사님의 법이 아니고는 안 되겠구나, 그런 생각을 하면서 300마일을 왔다갔다 하게 되었다는 말이지요. 그러니까 누가 미워지지도 않고, 누가 원망스러워지지도 않고, 어려운 일이 닥쳐도 이거는 지나가고, 이 어려운 것이 은혜로 바뀔 수도 있다는 생각을 갖게 되는 것이지요. 그리고 내가 나의 약점을 서러워 할 게 아니라, 내가 나의 약점을 respect존중해 주고 내가 스스로 좋아하게 되면 내 약점이 정말 약점이 아니고, 그게 다 장점으로 바뀝니다. 이런 게 다 대종사님께서 가르쳐 주신 법이거든요. 그러니까 생활이 즐거울 수밖에 없지요. 그래서 항상 천상락을 누릴 수가 있어요."

---

* 불교에서 육도(六道) 중 천상계에서 받게 되는 즐거움. 곧 수행인들이 생사고락을 해탈하고 육도윤회를 초월하여 심신의 자유를 얻게 되는 즐거움. 수행을 함으로써 즐기게 되는 마음의 행복.

어려운 일을 당해서도 마음이 편했던 이유는 이 순간이 영원한 것이 아니라는 마음으로 그 어려운 상황을 붙잡고 있거나, 또는 애써 생각하지 않으려고 부정하는 것이 아니라, 마음을 비우고 나의 단점이나 내게 닥친 어려운 일들을 애정 어린 관심을 가지고 바라보았기 때문이다. 그 안에서 또 새로운 배움의 길도 열리고, 나의 단점도 사랑할 수 있게 되어 그것이 오히려 장점이 될 수 있었다. 부족한 점, 어려운 점은 내가 바라보는 관점에 따라 불행이 될 수도 있고, 나를 성장시켜 주는 계기가 되어 오히려 행운이 될 수도 있다는 사실을 알려 주는 이야기이다.

수행을 통한 믿음의 확장

마음을 비워서 편안해지는 예는 또 있다. 바로 잃어버린 자신감을 회복하는 데 도움이 된다는 것이다. K 씨는 미국에 이민 온 지 10년이 넘어가는 한 아이의 엄마다. 처음에 미국에 와서 취직이 되었을 때, 언어의 장벽을 실감하며 넘어야 할 인생의 어려움을 많이 겪었다. 누구도 의지할 곳이 없는 낯선 땅에서 그녀는 가족을 돌보고 지켜야 할 사람은 본인밖에 없다는 강한 책임의식을 갖게 된 것이다. 그래서 시작한 것이 절 수행이다. 거의 10년간 꾸준히 일주일에 주말을 제외한 5일간 백팔배를 계속했다. 우리가 신앙생활을 하는 것은 작은 나의 국한을 넘은 우주에 충만한 진리, 혹은 절대자의 보이지 않는 힘에 의지하는 것이라고 한다면 수행은 본인의 의지, 인내, 노력이 함께 어우러져 몸과 마음으로 터득하게 되는 마음의 힘이다.

"직장 생활을 하다 보면, 이 일이 나와 맞는지, 이 일이 내가 감당할 수 있는 일인지 그런 것이 굉장히 고민이 되죠. 내가 이 돈을 받고 이 만큼에 대한 일을 할 수 있을까, 그것이 걱정이 되었는데, 선과 백팔배를 하면서 자신감이 생긴 것 같아요. 제가 노력하면 제 것이 된다는 것을 알았어요. 백팔배를 하면서 노력을 하면 계속 쌓이는 것에 대한 위력을 조금 알 것 같았어요. 매일매일 백팔배를 하면서 제게 오는 변화를 느꼈어요. 영어도 잘 못했는데, 못하는 건 못하는 대로 두고 잘하는 건 잘하면 되니까, 그런 생각이 들고. 내가 할 수 있는 일은 내가 하고, 못하는 건 다른 사람에게 주면 되니까, 그런 생각을 하게 되었지요. 그렇게 그 기간을 넘기고 나니까, 이제는 내가 그만두어야 하는 상황이 되어서 일을 그만두는 게 아니고,

이 일을 그만두어도 미련이 없을 것 같아서 그만둘 수 있는 상태가 되었어요. 나와의 싸움에서 이긴 것 같은 생각이 들어요. 이젠 오히려 이 일을 그만두고 다른 일을 더 해보고 싶어요."

내가 노력해서 얻은 체험은 오롯이 나의 것이다. 몸이 힘들 때도 있고, 수행을 하기 싫은 날도 있지만, 나태하고 어리석은 마음을 극복하고 한번 마음먹은 일을 계속 실천에 옮기는 것이 중요하다. 이러한 실천의 힘은 나도 할 수 있다는 자신감의 바탕이 되고, 내 능력으로 할 수 있는 일은 하고, 하지 못할 일은 다른 사람에게 양보하면 된다는 마음의 여유를 갖게 하여, 결과적으로 자신 있게 삶을 개척해 가는 힘을 얻게 해 준다. 여유가 있는 마음으로 삶을 살다 보면 좀 더 넓은 관점에서 세상을 볼 수도 있고, 당장 일이 잘 되지 않는다 해도 조급해 하거나 당황하지 않고 다음을 준비해 갈 수 있는 지혜도 열린다.

실천을 통한 믿음의 확장

자신이 믿는 진리와 하나되는 방법 중의 하나는 법회에서 설교나 교리공부를 통해서 들은 지식이나 가르침을 실생활에서 깊이 연마하고, 나의 현재 상황에 활용해서 살아 있는 체험을 해 보는 것이다. 미국에 학업을 위해 왔다가 사십 대부터 직장생활을 하며, 한국에서는 겪지 못한 차별을 겪어 본 한 교도님은 다음과 같은 경험담을 들려주셨다.

"서른 살에 미국에 와서 공부하다가, 직장생활은 사십 대부터 하게 되었는데, 그때 교당에서 청년들 모임인 청운회에서 반야심경*을 공부했어요. 거기에 보면, '조견오온개공 도일체고액照見五蘊皆空 度一切苦厄'이라는 것이 있죠. 모든 것이 공空하다. 무無라고 하는 것. 그래서 저는 그 당시에 대서양을 보고 앉아서, 내가 어떻게 피안彼岸**으로 넘어갈 수 있을까, 지식인들이 어떻게 그랬을까를 깊이 생각해 보았는데, 내가 공空하면 넘어가겠더라고요. '내가 업을 짓고 있는 것을 분해시켜서 다 없애고, 아무것도 없으면 내가 피안에 도착하겠지. 그 다음에는 원력***이 있어야 되겠지. 원력이 없으면 어떻게 피안에 가겠는가.' 그런 생각을 한 적이 있어요. 그래서 '반야심경이 진짜 경經 중

---

*   마하반야바라밀다심경: 불교의 대표적 경전 중 하나. 불교의 깊은 진리를 함축한 경전.
**   이 세상의 번뇌를 해탈하여 열반의 세계에 도달하는 일. 또는 그 경지.
***   부처님이 중생의 괴로움을 덜어 주고자 하는 기원의 힘. 부처님께 원하는 바를 빌어 이루려는 믿음에서 생겨나는 힘. 본원(本願)의 힘.

에 경經이구나.' 이런 생각을 하게 되었어요. 집착을 없애는 무無에 대해서도 생각하게 되고, 그래서 공空을 생각하면 마음이 편안하게 되었어요. 그런 것을 일을 할 때도 생각하죠. 예를 들면, 학교를 졸업하고 직장에 처음 들어가면 차별이 많아요. 영어를 못해도 차별이고, 일을 잘 몰라도 차별이고, 행동이 둔해도 차별이고⋯⋯. 그런데 저는 그럴 때 우리 원불교 교리에 있는 그대로가 부처이고, 있는 그대로가 다 진리라는 믿음을 떠올리죠. 내가 조금 무엇이 모자란다고 해서, 예를 들면 저는 일하는게 좀 둔하거든요, 그런 이유로 나를 나무랄 이유가 없고, 나는 그런 나무람을 들을 이유도 없다. 다만 내가 거기에 가서 일을 해 주고 월급은 일해 준 만큼 받는 것이고, 뭐 잘 못해도 받고 잘해도 받는데 그건 상대방이 판단하는 것이고, 내 마음은 떳떳하게 살자. 이렇게 생각할 수 있게 된 건 교리를 백프로 알아서가 아니고, 한 마디씩 들은 걸 가지고 내 마음에 소화를 시켜 나갔기 때문에 가능했던 일 같아요."

불교의 사상에서 중요한 것이 무無와 공空에 대한 이해이다. 이 세상의 모든 것은 변화하기에 집착할 것이 없다는 깨달음을 얻게 되면, 업을 짓게 되는 주체가 되는 '나'라는 것도 또한 비었음을 알게 되어, 현재 경험하고 있는 고통이나 기쁨에 대해서도 집착하지 않고 편안한 마음으로 대할 수 있게 되는 것이다. 우울하거나, 슬프거나, 기쁜 감정들이 나 자신과 동일시되는 경우에는 감정에 끌려서 삶을 주체적으로 이끌어 가지 못하고, 기분따라 흔들릴 수 있다. 그러나 사계절이 변하고, 매순간 기후가 변하듯이 감정의 변화를 자연으로 바라볼 수 있는 수행을 하면 할수록 한 마음을 잘 일으켜 나의 삶을 주체적으로 살아가는 힘을 얻는다.

위의 인터뷰어도 이 세상의 모든 것이 부처라는 가르침을 통해서 있는 그대로의 자기 자신에 대한 믿음으로 떳떳하게 사는 힘을 얻었다.

때로는 다른 사람의 평가에 많이 흔들릴 때가 있다. 그러나 있는 그대로의 나 자신을 내가 온전히 받아들이고 인정하는 것이 중요하다. 이렇게 조금씩 변해 가고, 성장해 가는 자신을 보면서 나와 종교의 가르침이 진정으로 하나가 되어 가는 체험이 깊어지면 성자의 가르침을 나의 몸과 마음으로 실천해 갈 수 있게 된다. 그 과정에서 진정한 나의 모습을 찾아가게 되는 것이다. 믿음은 그렇게 나와 나의 믿음의 세계가 하나가 되어 성자의 가르침을 몸과 마음으로 실현해 가는 가운데 있었다. 믿음은 이렇게 더욱 성숙하게 자기 자신을 이해하고 타인의 마음도 이해해 줄 수 있게 한다.

4. 인과와 업

이 해
받아들임
창 조

무수한 시간과 공간과 인연들이 지나쳐 간
순간순간이 모여 지금 이 순간을 이루고 있다고 느끼는 순간,
현재의 소중함을 더 깊이 느끼게 될 것이다.

이해의 힘

불교를 자신의 종교로 받아들인 사람들의 믿음의 세계에
서 인과*와 업**은 매우 중요한 위치를 차지한다. 지은 대로 받
게 된다는 것. 깨닫지 못한 사람들에게는 업에 따른 윤회***가
있어서, 현생에 받게 되는 모든 길흉화복이 전생에 지은 것이
고 또, 현생에 복을 잘 지어야 다음 생에 복을 받게 된다는 것
이다. 그래서 마음을 바르게 잘 사용하고, 선업을 짓는 것을
중요하게 생각한다. 그런데, 이러한 인과에 대한 이해가 때로
는 어려움을 당했을 때, 부정적인 요소로 작용하기도 한다는

---

* 　인과보응(因果報應)은 행위의 선악(善惡)이 업인(業因)이 되어 거기에 상응하
는 과보(果報)가 있게 된다는 불교 용어.
** 　업(業)은 짓는다는 뜻. 불교에서 중생이 몸과 입과 뜻으로 짓는 선악의 행동.
*** 생명이 있는 것, 곧 깨닫지 못한 중생은 죽어도 다시 태어나 생이 반복된다고 하
는 사상.

논문 연구[*]가 있다. 예를 들어, 숙명론적으로 받아들이면 이 생에 받게 되는 모든 일들은 내가 알지 못하는 전생에 지은 업의 결과이니, 운명으로 알고 현재와 미래에 큰 관심을 두지 않는 경우이다. 이러한 경우에는 어려운 상황을 극복해 갈 의지가 줄어들어 심리적으로 위축되고 희망을 찾기 어렵게 된다.

그러한 반면에, 인과와 업에 대한 이해가 오히려 어려움을 극복하는 힘으로 작용하기도 한다. 과거 중심적 사고보다는 모든 것을 현재 중심으로 돌렸을 때이다. 예를 들면, 어려운 일을 당했을 때, 지금 일어난 일이 과거에 내가 알지 못하는 사이에 지은 일이라면 잘 받아들이고, 현재 내가 어떻게 하느냐에 따라 나의 미래가 결정된다는 사실에 더욱 관심을 갖게 되면 현재에 집중하고 새로운 삶을 이끌어 가려는 의지가 강해진다는 것이다.

여기서 소개하려는 이야기들은 후자에 속한다. 역경을 극복하는 마음의 힘이 되어 준 인과와 업에 대한 믿음이다.

무수한 시간과 공간과 인연들이 지나쳐 간 순간순간이 모여 지금 이 순간을 이루고 있다고 깨닫는 순간, 우리는 현재

[*]   De Silva. P. (2006). The tsunami and its aftermath in Sri Lanka: Explorations of a Buddhist Perspective: *International Review of Psychiatry, 18*(3). 281-287.

의 소중함을 더 깊이 느끼게 될 것이다.

어느 날 나는 과거의 나로부터 편지를 받았다. 미국에서 석·박사 종합과정에 도전해서 공부를 하던 중에 미래의 나에게 격려의 편지를 썼는데, 그것이 5년간 땅속에 묻혀서 잘 보관되었다가 나에게 전달된 것이다. 타임캡슐이라는 프로그램이었는데, 그때 함께했던 분들은 모두 과거의 자신이 쓴 편지를 전달받았다.

"네가 이 편지를 받을 즈음엔 박사과정을 끝냈겠지? 아직 끝내지 못했다 하더라도 괜찮아. 너는 네가 정말 하고 싶은 일을 찾았을 거야. 정말 많이 애썼어. 힘내고……. 사랑한다."

과거의 나는 이렇게 현재의 나를 따뜻한 말로 격려하고 있었다. 누군가 나를 믿어 주고 사랑해 준다는 사실에, 그리고 그 누군가가 바로 과거의 나였다는 사실에 감동을 받았다. 현재의 나를 있도록 만든 과거의 나는 수를 헤아릴 수 없이 많다. 5년 전 그 순간에 존재했던 나는 현재의 나와 연장선상에 있지만, 똑같은 사람이라고 할 수는 없다. 5년이란 시간 동안 나는 많은 사람들과 만났고, 주어진 환경과 일들을 통해 나의 삶에 많은 변화가 일어났기 때문이다. 그리고 이 몸은 시간이 지남에 따라 진화하고, 성장하고, 변화해 가는 것이 부정할 수 없는 사실이다.

우리가 살아오면서 겪는 즐거운 일, 슬픈 일, 괴로운 일들에 대해서 이해가 안 되는 때가 많다. 이해가 되지 않는 상태에서 현실을 받아들이기란 참으로 어려운 일이다. 특히, 그것이 슬프고 괴로운 일일 때는 더욱 그렇다. 이해를 받는다는 것은 어려움을 녹여내는 힘이 있다. 더욱이 그 이해해 주는 사람이 바로 '나' 자신일 때, 인생이 참 외롭지 않다는 것, 홀로서기를 할 수 있다는 자신감을 갖게 된다.

의문 – 나는 왜?

이해가 되지 않는 일을 당하였을 때, 어떻게 할까? 일단 의문을 가지는 것이 중요하다. 어떻게 해서 이런 어려운 일이, 또는 좋은 일이 나에게 일어났는지에 대해서……

다른 나라에 이민 와서 사는 중에 겪는 일의 하나가 이해되지 않는 차별이다. 예를 들면 다양한 인종들이 모여 살게 되면서 인종차별이 시작되고, 경제력이나 권력의 차이에 따라 빈부의 차별도 있고, 나라나 지역별로 다양한 차별로 인해 겪게 되는 어려움이 있다. 그중에서도 이민 가정의 부모들은 자녀들에 대한 문제가 가장 큰 어려움 중의 하나이다.

"저는 미국에 처음 와서 어려움이 정말 많았어요. 특히 자식 키우는 일은 너무 어려웠죠. 아이가 학교에 적응을 못했어요. 너무도 착하고 좋은 아이였는데, 어느 순간부터 말이 없어졌죠. 그리고 학교 가기를 싫어했어요. 그러더니, 나쁜 아이들과 어울리기 시작하고. 학교에서 함께 어울려야 할 친구들 사이에서도 인종차별이 있다는 걸 알았을 때 정말 마음이 아팠어요. 그것도 모르고 학교 가라고만 했던 것이 후회도 되고……. 나쁜 친구들을 피해서 아이를 특수학교로 전학시키고 기숙사에 살도록 했어요. 그 학교에도 99퍼센트가 백인 아이들이었고, 우리 아이가 또 다시 겪게 될 어려움을 생각하면 잠이 오지 않았어요. 아이가 학교에서 기숙사 생활을 하는 주중에는 일을 나가면서도 마음고생하고 있을 아이 생각에 저는 새벽기도를 나가기 시작했어요. 아이가 잘 되기만을 기도했죠. 그리고, 의문이 들었어요. 왜 나에게 이렇게 어려운 일이 오는지, 나는 남에게 나쁜 마음으로 해한 일도 없는데……. 인과를 믿을 수가 없었어요. 받아들일 수도 없었죠."

이분은 이렇게 인과에 대한 의문을 갖고, 스스로 연마를 했다. 그러던 어느 날, 아주 어린 아이를 보면서 알게 되었다고 한다. 어떻게 같은 부모에게서 태어났어도 저렇게 다른 특성과 재주를 가지고 태어나는 것인가. 전생이 있고 인과가 있지 않다면 가능하지 않은 일이다라는 생각을 하게 된 것이다. 그리고 현재의 어려운 일들에 대해서는 현재의 내가 기억하지 못하는 언제인가 지어 놓은 일이 아닐까라고 이해하고 나니 받아들일 수 있었다고 한다.

이해가 되지 않을 때, 의문을 갖지 않고 그냥 믿는 것은 진정한 믿음이 아니다. 의문은 그냥 믿지 못하는 마음과는 달리 더 확실하고 실질적인 이해를 위한 바탕이 되기 때문이다.

정성으로 그 의문을 해결하면, 결과적으로는 흔들림 없는 깊은 믿음을 키우게 될 것이다. 이렇게 인과에 대한 이해와 믿음을 키워 가다 보면, 어려운 일을 경험하는 경우에도 자기 성찰을 통해서 다른 사람의 마음도 헤아려 보게 되고 상황을 받아들이려고 노력한다고 한다.

부모와 자식 간의 갈등 속에서도 마음을 챙겨 어려움을 잘 극복하신 분은 다음과 같은 이야기를 들려주셨다.

"사람이 저마다 감정이 있으니까, 누구나 다 잘 해 보려고 노력을 하는 것은 인지상정인데 그 결과가 잘못되었다거나, 자식들을 위한 노력을 했는데 그 애들이 부모 말을 잘 안 따라

준다거나 하면, 물론 화도 나고 그렇죠. 그런데 그것을 좀 더 차원을 높여서 생각하면, 두 가지로 생각할 수 있죠. 하나는 나의 노력 부족이었다, 스스로 반성하는 참회. 그리고 두 번째는 인과로 생각해서 내가 전생에 저 사람에게 어떤 빚을 지었나 보다, 이렇게 돌리면 세상에 그렇게 절벽에 선 것처럼 답답할 일은 없더라구요. 억울하진 않으니까. 그런 방법으로 마음을 돌려요."

변화의 가능성에 마음열기

인과를 이해한다는 것은 어떤 의미가 있는가? 과거에 집착하거나 묶여 있지 아니하고 과거의 일들은 참고하면서 항상 현재에 일어날 수 있는 변화의 가능성에 마음을 열어 놓고 사는 것도 인과를 이해하는 지혜가 된다.

원불교가 실질적으로 삶에 도움을 주는 종교여서 좋았다는 칠십 대 어른은 미국에 와서 마켓을 운영하면서 동네에서 위험하다고 소문난 범죄 전과자를 직원으로 채용한 이야기를 들려주셨다.

"원불교 대종사님께서 착한 사람은 누구나 꼴을 잘 본다. 착하지 않은 사람 꼴을 잘 보는 것이 우리의 공부다. 그런 말씀 하시잖아요. 저는 그 말씀을 새기며, 내가 안 쓰면 사회의 독버섯처럼 계속 나쁜 일을 할 수 있는 사람을 고용했어요. 그가 생활을 할 수 있도록 돈을 주면서 데리고 있는 것이 오히려 사회정화 차원이나 그 사람의 인생에 있어서도 직간접적으로 도움이 되는 것 아니겠어요? 그것이 우리 대종사님의 큰 뜻이 아닐까 그런 생각으로 그렇게 한 거죠."

그 직원은 성실히 일했고, 덕분에 마켓 운영은 오히려 사고 없이 안전하게 잘 운영되었으며 동네 불량배들이 그 마켓 근처에는 오지도 않았다고 한다. 보통 사람들은 선입견을 가지고 범죄 경력이 있는 사람을 직원으로 쓰지 않으려고 할 수도 있는데, 이분은 그러한 선입관을 버리고 오히려 본인이 운영하는 가게와 사회를 둘로 보지 않고 주변 사람을 도와주고 지도해 주려는 마음을 놓지 않았기 때문에, 그 사람도 도움을 받고 가게도 운영이 잘 되어 서로에게 은혜로운 관계가 된 것이다. 그 사람을 직원으로 쓸 때에도 그 사람이 잘 할 수 있는 일을 시키고, 관리를 함으로써 서로에게 피해를 주지 않고 도움을 주는 관계로 잘 이끌어 간 것이다.

대부분의 사람들은 선입견을 통해 세상을 보는 일이 많다. 그 선입견 이면에는 변하지 않는 것과 변하는 진리에 대해 바로 알지 못한 채, 나 스스로도 왜 그렇게 믿게 되었는지 알지 못하는 믿음이 많다. 범죄자는 변함없이 위험하다는, 가까이 하면 안 된다는 선입견이 한번 생기면 그 사람도 변할 수 있다는 생각 자체를 못 하게 되고, 결국 변하지 않는 것은 그 사람이 아니라 나의 생각이라는 사실을 알아차리지 못하게 된다. 모든 현상은 순간순간 변하고 있다는 사실이 불변의 진리라는 것에 마음을 열어 놓고 현실을 대한다면 좀 더 적극적이고 긍정적인 변화를 나의 삶에서 만들어 갈 수 있다.

또 하나의 닫힌 마음은 고정관념이다. 종교를 가지고 있는 사람은 항상 친절하고 온화하며 모든 것을 포용해 줄 수 있어야 한다는 고정관념에 사로잡히면, 오히려 옳은 일을 해야 할 때에도 죄책감에 사로잡혀 망설이게 되거나, 조금이라도 종교의 가르침대로 살지 못할 때는 죄책감을 가지고 살게 되어 종교인으로서의 자기 자신과 현실에 있는 자기 자신을 분리해서 생각하게 되기도 한다.

어린 자녀를 키우는 부모가 늘 웃는 얼굴로 좋은 이야기만 하면서 교육을 시킨다는 것은 정말 어려운 일일 것이다. 아이를 혼낸 상황에서는 화를 낸 것이 미안하고 죄책감이 들어 힘들어 하는 분도 있었다. 또한 사업을 하면서도 모든 일을 정직하고 바르게만 하면 좋으나, 그렇게 못 했을 때는 죄의식이 커져서 한동안 법회에 나가지 않았다는 분도 있었다.

"만약 종교를 가지고 있는 것이 내 삶에 어떤 부정적인 영향이 있는지 묻는다면, 제 스스로가 고정관념stereo type을 만들 때가 있다는 거예요. '종교인은 이렇게 해야 된다'라는 모습이 그려져서 저를 억누르는 경향이 많이 있는 것 같아요. 예를 들면, 제 딸이 화나게 했다. 그래서 화를 냈다. 그러고 나면, 그냥 털고 못 지나가고 '아, 이렇게 하면 안 되는데.' 아니면, '이렇게 하지 말라고 했는데.' 또는 '이렇게 하면 나한테 안 좋은 결과가 온다고 했는데.' 이런 식으로 어떠한 고정관념으로 저를 억압하게 될 때가 있어요. 그리고 또 하나는 남의 탓을 할 때가 있다는 거예요. 예를 들면, 제가 노력해서 얻어야 하는 결과를 종교가 있기 때문에 무엇인가 보이지 않는 힘이 있어서 이 일이 잘 되도록 도와줄 것이라는 기대를 하는 거죠. 그리고, 결과가 원하는 대로 되지 않았을 때는 원망을 하고요."

종교를 믿음으로 해서 본인의 노력으로 이루어야 할 일도 기도를 통해서 좀 더 행운을 바라는 마음도 있게 되고, 말과 행동을 하는 데 있어서도 많은 도덕적 판단 기준들이 생겨서 생각도 많아지고 행동 하나하나가 조심스러워진다는 이야기도 있었다. 종교적 믿음이 있을 때, 더 좋은 사람이 되기 위한 노력을 하는 동기부여가 될 수도 있지만, 또 한편으로는 가르침대로 실행을 하지 못할 때나, 많은 도덕적 기준을 가지고 살아갈 때는 오히려 그것이 현재의 나를 온전히 이해하고 받아들이는 데 걸림돌이 될 수도 있는 것이다.

도덕적인 행동의 기준

　종교를 갖고 있다는 것은 때로 사람들에게 도덕적인 행동의 기준을 갖게 해 준다. 옳고 그른 일을 판단할 때도 종교적인 가르침에 기준해서 판단하고 행동하는 경우가 많이 있다.

　"마음챙김은 저에게 도덕적인 기준을 가지고 살도록 해 주었어요. 예를 들면, 원불교에서 가르쳐 주는 가치관이 있잖아요. 더 좋은 사람이 되도록 도와주는……. 길에 떨어진 휴지가 있으면 줍고, 다른 사람에게 피해 주지 않도록 생각하고, 공중의 물건도 내 것처럼 아끼는 그런 마음들. 그런 마음들을 늘 챙기면서 살죠."

종교적 코핑에 있어서 종교 지도자에게 도움을 요청하거나, 믿음에 바탕을 둔 의미부여, 도덕적 행동, 완벽하게 종교의 가르침을 따르지 못하는 것에 대한 자기반성 등은 원불교를 신앙 수행하는 사람들과 다른 종교의 사람들이 공통적으로 가지고 있는 코핑 방법이었다.[*] 그러나, 그중에서도 도덕적인 기준을 주는 마음챙김은 원불교를 신앙하는 사람들에 있어서는 인과에 대한 믿음에 바탕한 것이었다. 예를 들면 인과나 업에 대해서 크게 믿음이 없는 이민 2세대 청년들도 나의 모든 말과 행동들이 선한 일은 좋은 결과를 불러오고, 악한 일은 나쁜 결과를 불러온다는 믿음이 있어서 말이나 행동을 할 때에 한번 더 마음을 챙기게 된다고 했다.

미국에서 태어난 2세대 청년은 인과와 업에 대해서 깊은 이해와 믿음은 없지만 지은 대로 받는다는 인과를 생각하면, 모든 생각과 행동을 할 때 다른 사람에게 피해를 주는 일은 하지 말아야 한다는 생각을 항상 하게 된다고 한다. 또 다른 견해에서는 인과가 마음을 안정시키는 데 도움을 주는 역할을 한다고 했는데 이유는 다음과 같다.

---

[*] Tarakeshwar, N., Pargament, K.I. & Mahoney, A. (2003). Initial development of a measure of religious coping among Hindus. *Journal of Community Psychology, 31*(6), 607-628.

"인과를 믿으면 때로 마음의 안정을 얻는 데 도움이 돼요. 왜냐하면, 나에게 누군가 부당한 일을 하였을 때, 그 사람이 잘못된 일을 하였으므로 그 사람에게 나쁜 일이 생길 것이라고 믿게 되거든요. 그러면, 내가 화가 나고 억울한 일을 당하였을 때도 조금은 위안이 되죠. 지금 당장은 내가 힘이 없어서 어떻게 할 수 없지만, 언젠가는 잘못된 일을 한 사람은 벌을 받고, 착한 일을 한 사람은 복을 받게 될 거라는 믿음이 있으니까요."

인과에 대한 해석을 어떻게 하느냐에 따라서 위안이 되기도 하고, 좋은 사람이 되어야 한다는 동기 부여도 된다. 또한, 미국에서 태어나서 실용적인 면을 중요시하는 이민 2세대들은 인과와 업을 이해할 때에 지나간 전생이나 과거보다는 현재에 집중하는 경향이 많이 있었다. 우리는 항상 현재를 통해서 과거와 미래를 볼 수 있기 때문이다. 내가 할 수 있는 일은 최선을 다하고, 결과는 인과에 의해서 드러나게 될 것이라는 믿음이 있는 것이다.

"전에는 전생에 대해서 궁금하게 생각했고, 전생이 어떻게 현생의 나의 삶에 영향을 주었는지 궁금했죠. 전생은 어떻게

든 현생의 나의 삶에 영향을 주었을 것이고, 미래에도 영향을 주겠죠. 그렇지만 중요한 건 현재예요. 지나간 과거를 내가 어떻게 할 순 없잖아요. 중요한 건 현재에 내가 어떻게 하느냐에 따라서 나의 미래가 결정된다는 것이에요. 그래서 내가 할 수 있는 건 현재에 집중하는 거예요."

그리고 좋은 사람이 되려는 동기부여를 만드는 또 하나의 이유는 원불교라는 종교와 자기 자신의 정체성을 동일시하기 때문이다. 미국의 한인 사회에서는 소수 종교에 속하는 원불교이기에 다른 종교인들에게 좋은 인상을 심어 주기 위해서 더욱 모범적이고 좋은 사람이 되려고 한다는 이야기를 해 주신 분도 있었다.

"마음수행을 통해서 저의 마음이 더욱 고요해지고 정화가 되었고, 다른 사람들에게 더욱 친절해졌지요. 다른 사람들이 저를 볼 때 원불교인이라고 보기 때문에 저로 인해서 원불교의 이미지를 나쁘게 하고 싶지 않아 최선을 다해서 좋은 사람이 되려고 노력해요. 그래서 다른 사람들이 저를 통해서 원불교를 좋은 종교라고 생각하고, 원불교에 관심을 가질 수 있으면 좋겠어요. 이것이 제가 종교를 갖게 되면서 변화된 점이에요."

자아가 건강해지면 다른 사람이 보이고 도와줄 수 있는 힘도 생긴다. 그런데, 때로는 종교를 신앙하는 사람들이 착한 사람이 되어야 한다는 책임감 때문에 자기의 한계를 생각하지 않거나, 자력이 있는 사람이 나에게 부당한 부탁을 하였을 때 거절하지 못하고 들어주다가 서로에게 도움이 되지 않는 경우도 있다.

미국에 이민 온 지 10년이 넘는 사십 대의 교도님은 최근에 깨닫게 된 사실을 이야기했다. 그동안 한국에 있는 친척이나 친구들로부터 미국에 산다는 이유만으로 여행가이드나 숙박업소 소개 등을 현지에서 알아봐 달라는 부탁을 여러 번 받았는데, 나중에 본인의 생활에 지장이 있을 정도의 부탁을 받았을 때는 정중하게 거절할 수밖에 없었다고 한다. 그런데 다른 관점에서 생각해 보니, 그 사람들도 얼마든지 인터넷을 통해서 알아볼 수 있는 능력이 있는 사람들인데, 그동안 본인이 부탁받은 대로 다 해 주는 바람에 그 사람들이 자력을 키울 기회를 놓치게 한 것이 아닌가 후회도 되고, 늘 좋은 사람이 되기 위해서 남들이 원하는 대로 부탁을 다 들어주는 것도 잘한 일이 아니라는 것을 알게 되었다고 한다.

"우연히 다시 교전*을 볼 기회가 있었는데, 그중에 하나가 자력이 있는 사람이 뭔가를 요구했을 때, 그 자력이 있는 사람을 돕는 것은 옳은 일이 아니다라는 걸 보게 됐어요. 그런데, 그 순간 그 말이 저에게 와 닿았어요. 왜냐면 한 번도 그 생각을 해 본 적이 없고, 그냥 뭐든지 내가 할 수 있는 일이면 내가 하는 게 당연히 원불교 법에 입각한 봉사하는 마음이라고 생각을 했었거든요. 그런데, 남을 위해서 봉사하는 것도 때와 장소, 상황을 가려서 해야 한다는 것을 처음으로 제대로 알게 된 것 같아요."

우리 주변에 고통받는 사람들을 생각하면 도움을 주고 싶은 사람들이 많이 있지만 우리는 또한 우리의 한계를 생각하지 않을 수 없다. 이렇게 내가 도울 수 있는 한계를 생각하면서 남을 돕는다는 것은 쉽지 않은 일이다. 그래서 때로는 남을 돕고 싶지만, 내가 고통받고 있는 그들을 위해서 실질적으로 할 수 있는 일이 없다는 사실을 인정해야 할 때도 있다. 나에게 자력이 없을 때에는 더욱 그렇다. 그래서 건강한 자아를 키우고, 나의 내면의 세계를 성숙시키는 일을 선행해야 한다.

---

* 원불교 교리 사상의 정수를 담고 있는 기본 경전인 《정전(正典)》과 《대종경(大宗經)》을 한 권으로 묶은 경전.

그래야 남을 도울 수 있는 힘도 더 커진다. 오랫동안 종교생활을 하면서 달라진 것이 있다면 어떤 것일까 하는 질문에 다음과 같은 이야기를 들려주신 분이 있었다.

"제가 주위 사람들에게 친절해지고, 또 포용력이 생겼다는 것이죠. '아, 저 사람은 저런 타입이니까, 저렇게 할 수도 있겠다.' 하고 이해해 주는 것, 그렇게 제가 남을 이해하게 되고 마음 씀씀이가 너그러워졌어요. 가능한 한 제가 물질적으로 풍족하다면 기부금을 많이 내고 싶다 그런 마음이 생기죠. 그리고 옛날보다는 저의 마음이 많이 안정된 것 같아요. 옛날에는 제가 들떠 있는 기분도 들고 그랬는데, 지금은 많이 안정되어서 좀 편안한 상태예요."

신앙과 수행을 통해서 나의 마음의 안정과 더불어 남을 이해하는 포용력이 생겼을 때, 자연스럽게 남을 도와줄 수 있는 마음도 일어나고, 인과에 대한 믿음을 통해서 좋은 일을 더 많이 해야겠다는 동기부여가 되는 것을 알 수 있었다. 나의 마음에 안정이 없이, 나의 한계에 대한 이해가 없이, 도덕적 의무감에서 남을 돕는 일을 지속한다면, 좋은 일을 한다는 것이 오히려 마음의 부담과 고통을 증가시키는 요인이 되기도 할 것이다.

도덕적인 의무감보다는 나에 대한 깊이 있는 이해에 바탕
하여, 마음에서 우러나오는 선행을 해 나가는 것이 현재에 만
나는 모든 대상과 일에 있어서 은혜와 상생의 인연을 만들어
가는 길이 될 것이다.

받아들임 −현재의 나를 통해서 만난 과거의 나

받아들여지지 않을 때에는 받아들일 수 있는 시간이 지나도록
기다려 주어야 한다. 억지로 믿으려 하지 않고, 받아들이려
애쓰지 않고, 내 안에서 답을 찾을 수 있도록 의문을 가져 보고,
질문해 보고, 그리고 가슴으로 받아들여질 때까지……

기다려 주기

　미국에 태어나서 원불교 가정에서 자란 한 청년은 사랑하
던 가족을 갑자기 잃고 충격에 빠졌다. 인과를 믿을 수가 없
었다. 평소에 그렇게 자상하고 선량한 분이 왜 그렇게 갑자기
돌아가셔야 했는지 이해가 되지 않았다. 현재에 받는 모든 업
은 모두 과거에 본인이 지은 업이라고 하는데, 그것도 받아들
여지지 않았다. 이 청년은 지금 믿어지지 않는 모든 사실들은
일부러 받아들이려 애를 써서 노력할 필요가 없다고 했다. 시
간이 지나면 받아들여지게 된다는 것이다. 돌아가신 그분을
생각하면 괴롭지만 살아 있는 사람들은 또 하루하루를 살아
가야 하기에 마음 아픈 감정도 시간에 맡기기로 하였다고 한
다. 그가 이해한 인과는 이러했다.

"돌아가신 분에 대한 소중한 기억, 그분의 가르침이 내 안에서 살아 있으니, 그것이 환생이요, 나를 만나는 모든 분들이 나를 통해서 그분을 만나게 될 것이니 그분은 나를 통해서 다시 태어난 거죠. 과거는 이미 지나간 것이고, 이제부터가 중요해요. 그분은 떠났지만, 그분은 우리 안에 살아 있죠. 그래서 인과와 환생을 믿는 것이 어렵긴 했지만, 그렇게 이해하고 난 후에는 마음에 많은 위로가 되었어요."

현재의 나를 받아들이는 데에는 그동안 꼭꼭 숨겨 두고 보고 싶지 않았던 과거의 나와 만나야 하고, 이해해 주고 위로해 주고 그리고, 한걸음 내딛을 수 있는 용기를 주어야 한다. 그런데, 이 청년과의 대화를 통해서 배운 사실은 감정적으로 받아들여지지 않을 때에는 받아들일 수 있는 시간이 지나도록 기다려 주어야 한다는 사실이다. 억지로 믿으려 하지 않고, 받아들이려 애쓰지 않고, 내 안에서 답을 찾을 수 있도록 의문을 가져보고, 질문해 보고, 그리고 가슴으로 받아들여질 때까지 기다려 주면 스스로 치유할 수 있는 힘이 생긴다.

그대로 들여다보기

　아끼고 사랑하는 가족을 잃었을 때, 상실의 마음을 극복해 가는 힘이 어디서 오는지 본인의 체험을 통해서 나눌까 한다. 나는 미국에서 박사과정을 마무리하는 시점에서 논문 발표를 앞두고 한국에 계신 부모님께 전화를 했다. 아버지는 전화를 받으시고, 지금 건강상태가 좋지 못하셔서 졸업식에 참석이 어렵다는 가족들의 판단에도 불구하고 졸업식에 오도록 해 보겠다고 하셨다. 그리고 논문 발표가 있던 날에는 준비가 잘 되었는지 물으시고 잘 다녀오라고 하셨다. 모든 것은 잘 마무리되었고, 그 이후에 조금 더 보충하면 좋겠다는 교수님들의 의견을 반영해서 논문 마무리 제출을 한 것이 5월 초. 그리고 인쇄까지 마무리한 날 집에서 전화가 왔다. 아버지가 위독하셔서 병원 응급실에 계시다고……. 그리고 그날 저녁 다시 연락이 왔다. 아버님의 열반 소식이었다. 급하게 비행기 표를 구하고 다음날 새벽에 출발했지만 한국까지 날아가는 14시간의 비행은 길기만 했다. 그리고 내가 도착했을 때는 이미 입관식이 끝나고 발인식만 남아 있었다. 아버님 영전에 논문을 바치고, 믿기지 않는 사실은 애써 믿으려하지 않았다. 그냥 아버님의 생전 모습을 기억에 담아 잠시 뵐 수 없을 뿐

이라고 나의 마음을 달랬다. 49일간 천도재*를 지내고, 기도를 올리는 기간 동안 집에 머물며 홀로되신 어머니와 함께 매일 아버님의 완전한 해탈천도를 위한 기도를 올렸다.

기도하는 동안 경종**이 있으면 좋겠다는 생각이 들어 언젠가 집에서 보았던 경종을 찾기 시작했다. 어머니께서는 어디에 잘 두었다고 하시면서 어디라고 알려 주시는데, 열어 보면 그곳에 없었다. 그런데, 경종 대신 한 가지 두 가지씩 잊고 살았던 물건들이 해묵은 먼지와 함께 발견이 되었다. 아버지께서 산에 가실 때마다 찍으셨던 사진들, 어렸을 때 가족사진들, 일기장 등등. 우리는 그렇게 아버지를 계속 만나고 있었다.

어머니는 또 다른 장소를 알려 주시면서, 거기에는 꼭 있을 거라고 하셨다. 그런데 경종은 없었고 또 다른 물건들이 나왔다. 그렇게 생전에 아버님이 아끼셨던 물건들을 모두 다 꺼내 보면서 우리의 마음속은 슬픔대신 잊혀졌던 따뜻한 기억들로 채워져 갔다.

그리고 매일 아침 아버지가 살아 계실 때 늘 하던 대로 남

---

* 열반인의 명복을 빌고, 영가(靈駕)로 하여금 악도(惡道)를 놓고 선도(善道)로 진급하도록 기원하는 의식.
** 원불교 법요도구의 하나. 좌종(坐鍾)이라고도 한다. 특히 재를 올릴 때 경종을 울리는 것이 영혼에게 크게 깨우침을 준다고 한다.

산에 산책을 갔다. 한 시간 이상 산책을 하면서 아버지가 좋아하시던 조지훈 시비 앞에서 시를 읽었다.

남산 길을 걸을 때, 시를 읽을 때, 천도 기원 독경을 할 때, 그리고 그냥 집에 머무는 시간에도 늘 아버님은 함께하시는 느낌이었다. 그렇게 시간이 흐르고 열반하신 지 49일이 되는 날이 왔다. 종재식을 마치고 다시 미국으로 돌아온 후, 어머니로부터 경종을 찾았다는 소식을 들었다. 미국에 돌아온 지 1주일이 지난 후였다. 어머니는 이제 혼자 기도를 하시지만 경종이 있어 외롭지 않게 되셨다.

경종을 찾는 일로 가족들은 아버지와의 아름다웠던 기억들을 하나씩 꺼내서 느껴 보고, 표현도 해 보고 서로 이야기도 해 보면서 슬픔을 그대로 받아들여 가고 있었다. 모든 일에는 사연이 있다. 들려주어야 할 사연이 남아 있을 때는 너무 서두르지 말고, 기다려 주고, 들어 주고, 그대로 들여다보아야 한다. 가슴에 남아 있는 사연이 다 녹아날 때까지……

인과에 대한 믿음은 과거에 대한 미련과 집착에서
자유로워지는 데 도움이 되며,
오늘 이 순간에 충실한 삶은
새로운 내일을 만들어가는 '창조'의 과정에 든든한 바탕이 된다.

지금 이 순간을 잘 살기

중년의 나이에 가족과 함께 미국에 이민 온 두 아이의 어머니를 만났다. 미국 생활은 15년 정도 되었다고 한다. 처음 미국에 왔을 때 막막했던 심정을 이분은 이렇게 회상했다.

"늦은 나이에 미국에 오니, 정말 어려움이 많았어요. 특히 한국에서 살 때에는 사회적으로 안정된 위치에 있었고, 경제적으로도 그렇게 어렵지 않게 살다가, 미국으로 오니 모든 것이 바뀌었죠. 사회적 위치도 바닥에서부터 새로 시작해야 했고, 언어와 문화를 익히기도 쉽지 않았으며, 남편은 해 보지 않은 새로운 일을 하다 보니, 경제적으로도 굉장한 어려움을 겪었어요. 두 사람 다 언어도 문화도 낯선 땅에서 새로 시작하느라 마음의 여유가 없는데, 새로운 환경에 적응하느라 많이 힘들어 하는 아이들까지 살피다 보니, 너무나 힘들어서 저희 부부 사이는 정말 최악이다 싶을 정도로 나빠졌죠."

이렇게 어려운 환경에서 이분은 한국에서 어릴 때 다녔던 원불교 교당을 다시 찾게 되었다고 한다. 작은 것을 소홀히 하지 않고, 근검절약해서 큰 것을 이루는 정신이 원불교 역사를 공부하면서 새롭게 받아들여졌다고 한다. 그리고 인과에 대한 믿음이 도움이 되었다고 했다. 이분이 이해한 인과에 대한 믿음은 이러했다.

"한국에서 누리던 사회적, 경제적 지위와 편안한 삶은 아무리 그리워해도 돌아오지 않는 과거였죠. 저는 한국에서 살았던 세월을 이미 지나간 전생이라 여겼어요. 미국에 이민 온 후의 나의 삶은 현생인 거죠. 우리가 전생으로 돌아갈 수 없듯이 고국에서 살았던 편안한 기억들은 돌아오지 않는 과거에 있어요. 지금 이 순간을 어떻게 살아가느냐가 중요한 거죠. 내생은 내가 여기서 만들어 가는 거예요. 오늘 이 순간을 잘 살아가는 것이 나의 내일의 삶, 내생을 결정짓는 것이니까요."

이분은 이렇게 인과와 윤회에 대한 자신의 이해를 어려움을 겪고 있는 많은 분들과 나누고 싶어 했다. 인과에 대한 믿음은 과거에 대한 미련과 집착에서 자유로워지는 데 도움이 되었으며, 오늘 이 순간에 충실한 나의 삶을 통해서 새로운 나의 내일을 만들어 가는 창조의 과정에 든든한 바탕이 되고 있었다.

인과와 업에 대한 이해가 자칫하면 현재의 삶에 부정적인 영향을 줄 수도 있다. 예를 들면 모든 일은 다 인과로 인해 정해져 있으므로 어떤 부당한 일을 당해도 그냥 정해져 있는 운명으로 여기고 노력을 하지 않는다든가, 아니면 미래에 대한 일을 미리 너무 걱정하는 경우이다. 모든 것은 다 내가 짓고 받는다는 인과를 깊이 생각하다 보면 죄를 짓는 일을 하게 될까봐 모든 행동이 조심스러워지고, 적극적이고 진취적인 생각과 행동을 하는 것마저 조심스러워질 수도 있다.

"수행을 하다 보면, 이런 말이 있어요. 지은 대로 내가 받게 되는 인과보응의 이치가 있고, 인간이 사는 세상은 일의 시비이해是非利害*에 의해서 운행되지 않습니까. 우리가 직장 생활을 하다 보면, 다 일의 시비이해에 의해서 윗사람이 지시도 하죠.

---

* 옳고, 그르고, 이롭고 해로운 것. 즉 인간세상에서 일어나는 모든 일을 말함.

그러니까 내가 화를 낼 필요가 없어요. 일의 시비이해에 의해 내가 춤을 추면 되니까. 그렇지만, 시비이해에 따라 춤을 출 때, 원불교에서 가르치신 가르침을 중심으로 해서 시비이해에 바탕한 일처리를 직장에서 했을 때, 결과적으로 나에게 나쁜 것은 돌아오지 않을 것이다라고 생각해요. 만약에 나쁜 것이 돌아온다면 그것은 할 수 없지. 이것이 내가 전생에 지은 것인지 아닌지는 잘 모르겠지만, 나에게 주어진 것은 내가 달게 받는다 그렇게 생각합니다. 그렇지만, 내가 지금 행동을 잘못해서 나쁜 업을 지으면 안 된다고 보는 것이죠."

내가 기억하지 못하는 과거 전생의 일에 대한 잘못된 믿음은 새로운 오늘을 맞이하고 내일을 만들어 가는 데 장애물이 되기도 한다. 내가 기억하지도 못하고 내가 원한다고 해서 바꿀 수도 없는 숙명이라는 것을 만들어서 아무리 노력해 봐도 나는 변할 수 없다고 스스로 희망을 포기한다면, 우리는 현재에 존재하는 수많은 기회와 가능성을 놓칠 수 있다. 하지만, 열린 마음으로 현실을 보면 현재의 나를 통해서 과거의 나를 만나고 미래의 나를 만나게 된다.

과거, 현재, 그리고 미래는 인간이 개념적으로 만들어 놓은 시간의 구분이다. 무엇인가를 할 수 있고 변화시킬 수 있는 시간은 항상 지금 이 순간뿐인 것이다. 가장 중요한 시간은 지금 이 순간이며, 가장 중요한 사람도 지금 함께하고 있는 사람이며, 가장 중요한 일은 지금 하고 있는 이 일이 되는 것이다. 새로운 오늘을 살아가려면, 과거를 거울삼아 잘못된 습관은 반복되지 않도록 하고, 묵은 관습이나 선입관으로부터는 자유로워져야 한다. 그렇게 현재 이 순간 새로운 나의 삶을 맞이할 때, 순간순간 다가오는 나의 미래는 내 마음으로부터 새롭게 창조되어 갈 것이다.

공동체
Community

1. 내가 나일 수 있는 공간
2. 서로를 비추는 거울
3. 거센 바람 속에도 아름다운 꽃이 필 수 있게
   도와주는 울타리
4. 건강한 자아로 바로 설 수 있는 곳

1. 내가 나일 수 있는 공간

서로 이해해 주고 이해받을 수 있는 공동체는
자신이 꾸밈없이 있는 그대로
자기 자신일 수 있는 곳이다.
원불교를 다니는 분들은 교당이라는 공동체를 통해서,
잊고 있었던 자신을 찾아가고 있었다.

한 사람이 한 가지 역할만 하면서 살 수는 없는 세상이 되었다. 한 사람을 지칭하는 호칭도 그 사람이 맡은 지위나 역할, 또는 어떠한 집단에 소속되어 있느냐에 따라 다르다. 나를 불러 주는 이름이나 호칭에 따라서 나는 그 책임을 다하기 위해 활동하고, 그 역할 이면에 숨겨진 참 자신의 모습에 대해서는 많이 생각할 기회를 잃고 살아가기도 한다. 이민 사회에서 편안하게 내가 그냥 나 자신일 수 있는 공간이 얼마나 될까.

미국에서 태어나 대학생이 된 이십 대의 청년은 본인의 청소년 시절을 회고할 때, 가장 어려웠던 점이 새로운 친구를 사귀는 일이었다고 한다. 한인 교포사회에서 원불교를 믿는 사람은 극소수이며, 다른 청소년 친구들이 여가활동을 할 때에는 주로 교회를 통해서 모이는데, 친구따라 한두 번 가게 되면 일요일마다 교회에 함께 가기를 권유받게 된다. 그러한 상황에서 본인의 종교가 원불교라고 밝히지 못하고, 그냥 종교를 믿지 않는다고 말했다고 한다. 지금 생각하면 부끄러운 일이지만 그때는 본인의 종교에 대해서 설명하기 어려웠고, 남들과 다르다는 것이 불이익으로 작용할 수도 있다는 두려움에 교회에 나가는 것도 불편하고 원불교를 다닌다고 밝히기도 어렵고 해서 그냥 종교를 믿지 않는다고 말하였다고 한다. 그가 청소년기에 좋았던 것은 본인과 같은 배경을 가진 불교나 원불교 청소년들이 함께하는 정기훈련retreat이었다.

"저는 훈련*에 가는 것을 좋아해요. 저와 비슷한 환경인 사람을 만나기 어려운 상황에서 훈련에 가면 저와 같이 불교인이나 원불교 다니는 사람을 만날 수 있잖아요. 저처럼 미국에서 태어나지 않았더라도 저와 나이도 비슷하고 저와 비슷한 어려움을 겪고 있는 사람들을 만난다는 건 정말 좋은 일이에요. 공통적인 문제를 이야기할 수 있어서 좋아요. 저는 거의 매년 청년 훈련이 있으면 가요."

한국에서는 모르지만 미국에서 원불교를 믿는 청소년 친구를 만난다는 것은 정말 드문 일이고, 기독교인이 많은 미국 사회에서 원불교를 다닌다는 사실을 숨기게 되다 보니 본인의 정체성에도 혼란이 왔다고 한다. 내가 누구인지 설명하기 어렵게 된 것이다. 그래서 혼자 생각하고 판단하고 친구들에게 자기표현이나 주장을 잘 안 하게 되었다고 한다. 그에게

---

* 훈련은 가르쳐서 어떤 일을 익힘을 뜻하는 말로, 원불교에서는 수행을 훈련이라고 하며, 정기 훈련법과 상시 훈련법을 제정하여 각자의 수행의 정도를 스스로 점검해서 지도인의 감정을 받도록 한다.

가장 도움이 되었던 것은 매주 일요일에 교당에 나가서 그냥 자기를 있는 그대로 받아들이고 표현함으로써 그 다음 일주일을 살아갈 힘을 얻은 것이라고 한다. 이십 대 청년이 된 지금은 불교나 원불교의 가르침에 대해서도 더 이해가 깊어지고, 명상이나 요가를 통해서 마음을 다스리는 법도 배우고 해서 자신 있게 내가 누구인지 어떤 종교를 신앙하고 있는지 이야기할 수 있지만, 뒤돌아보면 십 대 청소년기에는 정말 자신의 정체성에 혼란이 있던 어려운 시기였다고 한다.

설명하지 않아도 나를 이해해 주고 받아들여 주며, 꾸미지 않아도 자연스럽게 나일 수 있게 해 주는 사람들과 함께하는 공간은 어떤 곳일까? 그냥 있는 그대로의 나를 숨김없이 보여줄 수 있고, 그것이 하나도 부담이 되지 않는 공간과 받아줄 수 있는 사람들이 많을수록 우리는 행복하다.

한국인 2세대 청소년들의 여름 훈련에 다녀온 적이 있었다. 첫날 물놀이를 통해 친해진 아이들은 서로 다른 지역에서 왔지만 금방 친구가 되어 좁은 테이블에도 옹기종기 모두 한자리에 모여 식사를 하고, 웃으며 게임을 하고 있었다. 그렇게 이들은 어른들이 처음 모였을 때 하는 친목게임Ice breaker이 필요 없음을 보여 주었다. 청소년들에게 친구가 얼마나 소중하고 공동체에 속하는 소속감이 얼마나 중요한 것인지를 알게 해 주는 시간이었다. 청소년들은 서로의 부족한 점을 이야기할 때 나 혼자만 어려움이 있었던 것이 아님을 공감하게 되었고 잘하는 점을 이야기할 때는 나도 그런 자신감이 있었지 생각하며 서로를 통해서 배우고 있었다. 평소에 학교 친구들을 만날 때와는 다르게 종교도 같고 한국인 이민 2세대로서의 공통점을 가진 아이들이 만나서 함께 지내니 그것만으로도 큰 기쁨으로 보였다. 아이들이 여름 훈련의 큰 소득이 좋은 친구들을 만난 것과 자기 자신에 대해서 조금 더 알게 된 점이라고 웃으며 말하는 것을 들으며 서로를 성장하게 해 줄 수 있는 공동체의 중요성에 대해서 느낄 수 있었다.

서로 이해해 주고 이해받을 수 있는 공동체는 이렇게 꾸밈 없이 있는 그대로 나 자신일 수 있는 곳이다. 원불교를 다니는 분들은 그러한 공동체가 된 곳이 교당이었으며, 그 공동체를 통해서 잊고 있던 자신을 찾아가고 있었다.

브레네 브라운은 '진정한 소속감이란 우리 자신을 있는 그대로 받아들이고 사랑해 주는 곳에서 얻어진다.'*라고 말한다. 진정한 소속감을 느낄 수 있는 공동체가 많아질수록 더욱 성숙한 사회, 서로를 이끌어 주는 사회가 될 것이다.

---

* 브레네 브라운. (2016). 『마음가면』. 더퀘스트

2. 서로를 비추어 주는 거울

교화단 (소그룹의 마음공부 모임)은
그 그룹에 속한 한 사람 한 사람이
서로를 비추어 주는 거울이 되어
자기 자신을 객관적으로 볼 수 있도록 도와준다.
또한, 여러 사람 앞에서 실천해 보겠다고 한 말은
혼자만의 약속보다 훨씬 실천하는 힘이 강해진다.

열린 마음 갖기

거울을 보면 나의 모습이 상세히 보인다. 어릴 때는 어린 모습 그대로, 나이 들어서는 세월의 무게만큼 달라진 모습 그대로, 그저 있는 그대로 비추어 주는 것이 거울이다. 사람들은 그 거울을 보면서 때로는 본인이 보고 싶은 부분만 보고, 믿고 싶은 부분만 믿고 넘어가기도 하지만 거울은 거짓말을 하지 않는다. 만약에 거울이 없었다면, 내 눈을 통해서 나의 모습을 있는 그대로 발견하기는 불가능할 것이다.

눈은 늘 밖을 응시하고 세상을 본다. 세상을 바라보면서, 또는 상대방을 바라보면서 판단하고 평가하고 결정을 내린다. 나와의 관계가 어떻게 되는지, 나는 어떻게 세상과 관계하고 다른 사람과 관계해야 하는지…….

그런데, 그렇게 생각하고 판단하는 나의 내면의 주체에 대해서는 객관적으로 바라보고 생각하기가 쉽지 않다. 어떤 사람들은 일찍부터 바깥세상보다 그 세상을 바라보는 나의 내면의 세계에 더 관심을 갖기도 하지만, 대부분의 사람들은 바깥세상을 보고 생각하고 판단하고 행동하기에 바쁘다.

거울은 말이 없지만, 거울처럼 나의 모습을 있는 그대로 비추어 주면서 말도 해 줄 수 있는 사람이 나의 곁에 있다면 참

좋을 것이다. 우리는 그런 사람들을 친구라고도 부르고, 함께 수행하는 사람을 도반이라고 부르기도 한다.

나를 위해 조언을 해 주는 믿을 수 있는 사람이 있다 하더라도 내가 거울을 볼 때, 보고 싶은 것만 보고 믿고 싶은 것만 믿듯이 나를 위해 해 주는 조언도 듣고 싶은 것만 들어 버리면, 나의 성장에 별 도움은 없을 것이다. 그래서 좋은 조언을 귀담아들을 줄 아는 나의 열린 마음이 또한 필요하다.

여러 사람과 약속의 힘

종교라는 울타리 안에서 법회를 보는 것은 어떤 의미가 있을까. 개인의 다양한 개성이나 취향을 존중하는 미국 사회에서 불교 명상을 좋아하는 사람들 중에는 매주 교당에 나가서 법회를 보는 사람도 있지만, 혼자 명상을 즐기는 사람들도 많다. 그렇다면, 매주 종교 예배나 법회에 나가는 것을 선호하는 사람들은 어떠한 이유로 나가는 것일까.

청소년기의 아들을 둔 사십 대의 어머니는 10여 년 미국생활을 하면서 가장 어려웠던 일이 자식을 키우는 일이라고 회고하셨다. 이분에게 가장 도움이 되었던 것은 매주 교당에 나가서 법회 후에 모이는 교화단* 활동이었다. 이 모임은 본인과 비슷한 연령층의 사람들이 함께 모여 지난 일주일 동안 마음공부한 내용을 발표하고, 서로 조언도 해 주고, 본인이 경험한 일 중에 어려웠던 일은 질문도 하면서 서로 감상을 나누는 자리이다. 본인보다 먼저 자식을 키워 보신 분의 경험담은 항상 많은 도움이 되었는데, 특히 본인은 자식이 크게 문제가 있다고 걱정하던 부분이 그런 일은 누구나 겪을 수 있는 일이고 그렇게 걱정 안 해도 될 일이라는 얘기를 들은 이후에는 안심이 되어 더 긍정적인 방향에서 문제 해결의 열쇠를 찾게 되었다고 한다. 서로 믿을 수 있고 마음공부에 대조해서 서로 충고해 줄 수 있는 공간이 바로 신앙, 수행 공동체인 교당에서 이루어지고 있었다.

"한번은 제가 법회 사회를 보게 되었어요. 사회를 보게 되면 부담되고 실수하면 저만 못하는 점을 남들에게 보여 주게 되어 손해보는 것 같은데, 사실은 좋은 점이 하나 있어요. 제가 무엇으로 힘들 때나, 마음속으로 결심한 일이 있을 때, 마음속으로만 갖고 있던 일과 밖으로 얘기를 한 일의 결과가 틀리더라구요. 밖으로 얘기를 하게 되면 책임감 때문에 더 실천을 하

---

* 원불교에서 교화단은 10인을 1단으로 하여 단장이 단원들의 상시 공부를 돕는 소그룹 공부 모임이며, 교화 조직이다.

려고 노력하게 돼요."

교화단이 도움이 되는 것은 그룹에 속한 한 사람 한 사람이
서로를 비추어 주는 거울이 되어 자기 자신을 객관적으로 볼
수 있도록 도와줄 뿐 아니라, 여러 사람이 있는 곳에서 말로
표현하고 실천해 보겠다고 이야기한 내용은 혼자만의 생각
이나 약속보다 훨씬 실천할 수 있는 힘이 강해진다는 것이었
다. 꼭 이루고 싶고 실천해 보고 싶은 삶의 방향이 있으면, 믿
을 수 있는 사람들에게 말로 표현해 보는 것이 좋다. 이렇게
하게 되면 스스로에게도 더 책임감 있게 실천할 수 있는 계기
가 되고, 잘 되어 가고 있는지 서로를 격려해 줄 수도 있어서
더 큰 효과가 있다.

실제로 그룹상담을 해 보면, 내담자들 스스로가 답을 가지
고 서로를 상담해 주는 경우가 많이 있다. 교화단 그룹 안에
서 지켜야 할 원칙들을 잘 정해 놓고, 서로 믿을 수 있는 관계
가 된다면, 한 사람 한 사람이 서로를 비추어 주는 거울이 되
어 어려움을 극복해 가는 데 큰 힘이 된다.

3. 거센 바람 속에도 아름다운 꽃이 필 수 있게 도와주는 울타리

공동체가 주는 또 다른 힘은
울타리가 되어 준다는 것이다.

또 다른 부모님

미국에서 태어나서 자란 이십 대의 한 청년은 어릴 때 기억을 회고하면서 교당은 제 2의 집second home이었다고 이야기했다. 부모님이 모두 일하러 가야 하는 상황에서 교도님들은 아이들을 교당에 맡기고 가는 경우가 많았고, 교당에 개설된 한국학교를 통해서 한국의 언어와 문화를 배우게 된 2세들에게 교당은 자신의 뿌리를 찾을 수 있는 울타리가 되어 준 것이다. 지금은 성인이 되어서 모든 것을 스스로 해결할 수 있지만, 도움이 필요하던 어린 시절에 교당은 안전하게 자신을 지켜 주고 보살펴 준 가정과 같았던 것이다. 세월이 흐른 후에도 이들은 어려운 설교나 종교적인 가르침보다도 성직자들이 실지로 생활하고 행동하는 모습을 보면서 배운다고 한다.

"어릴 때, 저와 아버지 사이에 어려운 일이 있었어요. 어려운 점을 교당 교무*님께 이야기한 적이 있었는데, 교무님은 본인의 경험을 이야기해 주셨죠. 본인의 아버지는 어릴 때 돌아가셔서 아버지와 아들로 좋은 관계를 맺을 수 있는 시간이 없었기 때문에 본인의 자녀에게는 아버지 역할을 다하기 위해서

---

* 원불교 성직자로 교화·교육·자선 등 원불교 교단의 각종 사업에 종사하는 사람을 일컫는 호칭.

최선을 다한다고 하셨어요. 그리고, 저는 교무님이 교무님의 아이들을 대하는 모습을 보면서 부자관계를 어떻게 해야 하는 건지 배우게 되었죠. 아이들이 잘못하면 화를 내기는 하지만, 왜 화가 났는지를 아이들이 알아들을 수 있게 설명해 주어요. 그리고, 아주 차분한 모습으로 아이들이 할 수 있는 일들을 잘 지도해 주죠. 아이들이 항상 완전히 이해가 될 수 있도록 자상히 설명해요. 그래서 다음에는 잘 할 수 있도록 아이들을 교육시켜요. 저는 그 모습을 보면서 사람을 어떻게 대해야 하는지 배우죠. 말을 통해서 배우는 게 아니라 저는 그 사람의 행동, 그 사람의 실질적인 실행을 보면서 배워요."

이민 2세들이 교당에 와서 겪는 어려움 중에 제일 큰 것은 의사소통과 문화적 차이의 문제이다. 대부분의 2세대 청년들은 교전을 이해하기 어렵다고 했다. 영어가 제 1 언어이긴 하지만 한국어를 말하고, 읽고, 쓰기를 다 할 수 있는 청년들도 교전을 읽으면 너무 어려운 학술적 용어가 많고, 영어 번역이 잘 되어 있지 않아서 이해하기가 어렵다고 한다. 그래서 이들이 원불교의 가르침을 받는 것은 거의 부모님이나 교무님에게 묻거나 아니면 인터넷에서 자료를 찾아서 스스로 공부하는 것이었다. 그래서 그들은 대부분 글을 통해서 종교적인 가르침을 전달받기보다는 교무님과의 인간적인 관계형성이나 부모님과의 관계 속에서 간접적으로 그 사는 모습이나 실행을 보면서 많이 배운다고 한다.

성직자가 살아 있는 삶의 모범이 되어 주어야 하고, 아이들과의 의사소통을 통해서 인간적인 관계를 맺을 때, 어떠한 종교적인 가르침도 실질적으로 다가설 수 있을 것이다. 늘 가족처럼 따뜻하게 다가서고, 어려움이 있으면 언제든지 달려갈 수 있는 거센 바람을 막아 주는 울타리 역할을 해 주는 공동체가 있을 때, 개개인이 그 안에서 서로를 격려하며 성공할 수 있는 길이 열릴 것이다.

이민 2세 자녀를 둔 원불교 교도들은 걱정이 많다. 아이들이 부모님과 함께 다니는 초등학교 시절을 지나고 나면 교당에 나오지 않는다는 것이다. 초등학생 딸을 둔 어머니는 이렇게 말한다.

"아이들에게는 왜 교당에 나가야 하는지 동기 부여가 필요하죠. 내가 여기에 왜 와야 되는지를 느끼게 해 주면 좋은데, 엄마도 못하는데, 누가 어떻게 하겠어요. 아이들이 이렇게 동기 부여가 안 되는 것은 학교 교육 차이라고 생각해요. 왜냐면, 아이들은 학교 교육과정에 도움이 된다고 생각되면 하려고 해요. 아이들은 공부를 잘하고 싶어 하거든요. 본능적으로 우수한 학생이 되고 싶어 해요. 그 애들이 원불교에 오면 자기들에게 어떤 이득이 오는지를 보거든요. 그런데, 자기들이 봤을 때, 원불교가 공부에 별로 도움이 안 된다고 판단되는 거예요. 우리 엄마들 입장에서는 원불교 오는 것이 인생에 많은 도움이 되는데, 그걸 학교에서 교육시켜 주지 않으니까, 그렇게 생각하지 않는 거겠죠."

청소년기에 본인 스스로 동기부여가 되어 교당을 찾는다는 것은 쉽지 않은 일이다. 그러나 정말 아이들이 느끼기에 집처럼 편안한 곳이고, 내가 있는 그대로 나일 수 있는 곳, 그리고 나를 이해해 주고 편하게 대화할 수 있는 사람이 있는 곳이 된다면 아이들이 어려울 때 큰 울타리가 되어 감싸줄 수 있는 안식처가 될 것이다. 더 나은 삶을 살 수 있는 가르침은 그 안에서 아이들 스스로 찾을 수 있게 되는 것이 아닐까.

치유의 공간

사람이 내면으로 성장하는 과정은 아이들이나 어른이나

크게 다르지 않다. 어른들도 처음에는 교당을 의지처로 삼았는데, 나중에 자력이 커진 후에는 스스로가 중심이 되어서 덕을 베풀어야 될 자리에서는 베풀고, 또 아무리 좋은 일이라 하여도 상대방이 부담스러워 하면 그칠 줄도 아는 힘이 생겼다고 한다.

법회라는 매주 이루어지는 의식을 통해서 마음을 돌아보는 기회를 갖게 된다는 이야기를 들려주신 분도 있었다. 어떠한 특별한 요소가 마음에 들어서가 아니라, 마음을 챙겨서 교당에 나오는 것, 그리고 마음공부를 하려는 사람들이 함께 한다는 사실만으로도 마음이 맑아지고 새로운 삶에 대한 동기부여가 된다는 것이다.

"법회를 가게 되면, 일단 일주일 동안 잊었던 나의 본래 마음을 찾을 수 있어요. 법회 그 자체도 중요하지만 교당에 가서 교무님, 교도님들과 같은 시간과 장소를 공유하는 그 자체로 저절로 치유healing가 되고 정화가 되고 그래요. 마치 산속 공기 좋은 곳에 가면 기분이 좋아지고 막 그런 것처럼 기운이 아주 맑고 정화된 곳에 가면 저도 모르는 사이에 치유healing가 돼요. 원로 스승님을 가끔 뵈러 갔을 때도 훈증*을 받으면 마음이 아

*　사제훈증(師弟薰蒸)의 줄임말. 즉 스승과 제자가 훈김을 쐬며 젖어드는 것같이 가르침을 전한다는 뜻.

149

주 맑아지듯이 법회에 가면 교당이 그런 역할을 한다는 거죠."

함께하는 사람들이 있다는 사실만으로도 외롭지 않고, 마음공부를 하는 사람들을 통해서 서로에게 자극이 되고 일주일을 새롭게 살아갈 힘을 얻었다는 이야기를 들려주신 이분은 미국에 이민 온 이후로는 법회에 빠지지 않고 새로운 마음을 챙기는 것을 꾸준히 실천하여 도움을 받았다고 한다.

4. 건강한 자아로 바로 설 수 있는 곳

자아가 건강해지면 다른 사람이 보이고,
도와줄 수 있는 힘도 생긴다.
마음이 집착에서 벗어날 때,
하나, 둘, 나와 둘이 아닌 사람들의 마음도 보이고,
나와 둘이 아닌 세상도 느껴져서
결국 언제 어디서나 주인된 마음으로 서로를 살려 주고,
격려해 주고, 이끌어주는 중심이 되는 사람이 된다.

종교와 현실 생활 하나되기

오랜 시간 신앙수행을 해 오면서 달라진 점에 대해서 삼십대의 한 교도님은 현재 종교생활을 하는 자기 자신과 현실 생활 속에서의 자기 자신이 하나가 되어 가는 느낌이 있고, 조금 더 마음에 여유가 생겼다고 했다. 이상적인 삶과 현실에서의 삶이 크게 다르지 않다는 것은 규정지은 생각 속에서의 자기 삶이 아니라, 있는 그대로의 자기 모습을 볼 수 있게 되었다는 의미이며, 종교적인 삶과 자기 자신이 하나가 되어 가는 과정에 있음을 의미한다. 그분의 이야기는 이러했다.

"제 자신에 대해서도 좀 많이 너그러워졌지요. 거의 모든 면에서……. 그러니까 제가 이제 나이도 있고, 가족도 딸도 있는 엄마니까 마음이 너그러워질 수도 있겠지요. 그렇지만, 주위에 보니까 그렇지 않은 사람도 많더라고요. 나이 들고 자식이 있어도 마음이 더 독해지는 사람들도 있더라고요. 그런데, 저 같은 경우는 나이들고 자식도 있고 그래서 마음이 너그러워진 것도 있지만, 그래도 제가 교리공부를 열심히 하고자 하는 마음을 항상 가지고 있기 때문에 이런 너그러운 마음이 생긴 것 같아요."

남을 돕고 싶은 자비심이 마음에서부터 일어나는 경우를 보면, 대부분 그 마음 가운데에서 욕심이 비워지고 평화로운 상태에서 일어난다. 그런 상태에서는 다른 사람의 아픔을 공유하고 돕고 싶은 마음이 자연스럽게 일어나게 된다. 결국, 무엇인가 좋은 행동을 하기 위해서는 자신의 마음에 평화로운 수행이 선행되어야 한다는 것이다. 자신을 진정으로 이해하고 사랑할 수 있는 사람이 타인도 진정으로 이해하고 사랑할 수 있게 되는 것이다.

남을 돕는 마음

미국에 유학 와서 공부하고 있는 한 청년은 원불교에 다니면서 많이 배운 것이 남을 돕는 마음과 실행이라고 했다. 긍정적인 마음으로 아주 작은 일부터 어려운 일을 겪는 이웃들을 돕는 것을 실천하면서 삶의 기쁨과 보람을 느낀다고 한다. 그는 법회에 나와서 배운 것을 다음과 같이 설명했다.

"남에게 도움을 주라는 설교보다는, 스스로 다른 사람을 도와주어야겠다는 마음을 일으키게 해 주는 설교가 기억에 남아요. 가끔 교무님께서 설교 중에 'let it go', 집착을 놓아 버리라고 하시거든요.; 'Empty your mind', 마음을 비우라. 사실 쉽게 생각해 보면 옛날 불교 가르침에도 있었겠지만 마음을 비우고 솔직히 물질적인 것도 비우게 되면 거기에 대해서 집착하는 게 없어지게 되고, 집착하는 게 없어지게 되면, 좀 더 마음이 너그러워지면서 남을 도울 수 있는 마음이 더 생기고 그런 것 같아요. 물질적인 것을 다 'let it go' 하기는 시간이 좀 걸리겠지요. 그렇지만 마음공부를 하다 보면 마음으로는 사물이나, 내 것에 대해 내 것이라는 집착을 좀 버리게 될 수 있는 것 같아요. 그렇게 되니 남을 도울 수 있는 마음이 더 쉽게 생기는 것 같아요. 그러니까 머리로 생각하기 전에 마음에서 먼저 나오는 것 같아요."

머리로 생각하기 전에 마음에서부터 나오는 실천이란 내 것에 대한 집착과 욕심이 없어질 때 가능하다는 청년의 설명이 참 선명하게 들렸다.

마음을 비우는 원불교의 수행은 하면 할수록 나에 대한 집착이 사라지고 그러면서 다른 사람들을 이해하고 도와줄 수 있는 마음의 여유가 점점 자라나게 된다. 그리고 이것은 자신이 할 수 있는 능력 안에서 마음과 정성을 다하여 서로 살려 주고 도와주는 자비행으로 커 가게 된다.

자비심을 키우는 곳

미국에 이민 온 지 50년이 넘는 칠십 대 후반의 어머니는 이런 말씀을 들려주신다. 그동안 자식들 뒷바라지 하느라 정말 열심히 일했는데, 이제 자식들이 다 성장해서 손주들까지 보고 나니 남은 일은 열심히 마음공부하는 일인 것 같다고 하시면서 내생을 위한 인생설계를 하고 계신다고 한다. 그래서 해 보지 못한 공부도 열심히 하고, 시간이 나는 대로 도움이 필요한 사람들에게 도움을 주는 것이 삶의 기쁨이 되었다고…… 이분은 다가올 죽음에 대해서 두렵지 않다고 하셨다. 그냥 아무 계획도 없이 지내다가 늙음과 병듦과 죽음을 맞이한다면 그처럼 허망하고 두려운 일도 없겠으나 내생이 있다는 믿음이 있고, 그동안 나와 나의 가족만을 위해서 살아 왔던 삶을 남은 여생 동안에는 이웃들과 사회를 위해서 좋은 일을 하며 나눌 생각을 하니 할 일도 많고, 마음도 넉넉해진다고 한다.

공중을 위해서 유익을 주는 사람이 되자는 정신으로 살아

가다 보니 이제는 본인의 생각이 항상 내가 속한 단체나 국가에 국한되는 것이 아니라, 점점 더 큰 안목으로 세계 인류에 유익을 주고 세계 평화에 기여하는 일이 무엇일까를 더 깊이 실질적으로 생각하게 되었다고 한다.

이러한 분들의 공통점은 나의 성공은 나만 즐기기 위한 것이 아니라, 내 주변의 사람들과 나누기 위함이라고 생각하는 것이다. 이러한 이유로 항상 남을 돕기를 좋아하며, 종교의 가르침을 삶 속에서 실천하기를 좋아한다.

나이가 들어갈수록 더욱 바빠지신 또 다른 분들을 많이 만날 수 있었다. 원불교를 수행하신 지 40년이 넘는다는 M씨는 다니던 직장에서 정년퇴임을 하니, 이제 남을 도울 시간도 부족하다는 생각이 들어 직장에 다닐 때보다 더 바빠지셨다고 한다. 그래서 누구든 도움을 요청하면 도와줄 수 있는 일은 바로 실행에 옮긴다고 한다. 예를 들면, 누가 차편이 필요하다면 운전도 해 주고, 어려운 일이 있어서 상의할 사람이 필요하다면 이야기를 들어주기도 하며, 본인이 할 수 있는 일이면 다 하다 보니 남을 위해 해 줄 수 있는 일이 많다고 하셨다. 만약에 이렇게 원불교 수행을 하지 않았다면, 좋은 환경에서 막내로 자라서 자기 자신밖에 모르는 이기주의의 삶을 살았을 수도 있었을 텐데, 마음공부를 한 지금은 젊은 사람들이 이야기하고 싶어 하고, 의지하고 싶어 하는 사람이 되었으니 참 감사하다고 했다.

나의 마음에 여유가 생기고 나의 마음이 집착에서 벗어날 때 하나둘, 나와 둘이 아닌 사람들의 마음도 보이고, 나와 둘이 아닌 세상도 느껴져서 결국 언제 어디서나 주인된 마음으로 서로를 살려 주고 격려해 주고 이끌어 주는 중심이 되는 사람이 되는 것이다. 그런 분의 마음에서 깊은 자비심을 느낄 수 있었다.

인간의 삶에 있어서 공동체는 참으로 중요한 역할을 합니다. 서로의 감정을 공유하고, 이해받고, 인정받으며 살고 싶은 것이 기본적인 인간의 욕구이기 때문입니다. 불교에서는 무아를 이야기합니다. 나라고 따로 규정할 주체가 없으므로 내가 아닌 것도 없다는 말로 이해될 수 있습니다. 원불교에서는 현재 나의 생명을 존재하게 하는 모든 것이 없어서는 살 수 없는 은혜라고 합니다. 숨 한번 쉴 때마다 공기와 자연과 우주와 그 안에 살고 있는 모든 생명체와 우리는 연결되어 있음을 느낍니다. 서로 떨어질 수 없이 우리는 모두 순간순간 연결되어 있는 것입니다. 과학문명의 발달로 인하여 기계를 통하여 대화하고 기계들이 인간을 대신해서 많은 일들을 해 주는 시대에 몸은 편안해지지만 마음은 외로운 사람들이 많아진 것도 사실입니다.

사람들은 공동체를 통해서 함께 배우며 수행하고, 공부하는 동기부여도 느끼게 됩니다. 내가 어떤 일을 하는 사람인지 내가 어디에서 무슨 역할을 하는 사람인지 그러한 이름에 상관없이 있는 그대로의 나를 표현할 수 있고 쉴 수 있는 공동체, 그리고 참된 마음을 배우는 공동체가 있다는 것은 행복한 일입니다.

낯선 이민 사회에서 자신감이 없어지고, 어려움과 외로움을 느낄 때 교당이라는 공동체를 통해서 '어려움을 극복하는 마음의 힘'을 얻었다는 것이 인터뷰한 모든 분들의 공통점이었습니다.

성직자를 통한 배움도 중요하지만 실지 생활에서 스스로 수행하고 깨달아 간 것들이 어려운 일을 당했을 때 극복하는 큰 힘이 되고 있었으며, 그 밑바탕에는 간절하고 절실한 마음으로 진리를 믿고 행하는 믿음이 또한 바탕이 되어 있었습니다.

모든 것은 끊임없이 변해 가지만, 변하지 않는 것은 이 모든 변화가 나를 더욱 깊이 이해하게 해 주는 자료가 되고 기회가 된다는 인터뷰어의 말이 떠오릅니다.

어렵고 힘든 상황에서도 나를 정말 가슴 깊이 이해하고, 내가 소속된 작은 공동체에서의 소통과 배움으로 시작하여, 더 나아가서는 그런 작은 공동체가 모이고 모여, 내가 가는 모든 곳이 따뜻한 소통과 배움이 있는 곳이 되도록 만들어 가는 것이 참된 나를 찾은 이들이 말하는 자비를 실천하는 삶일 것입니다.

이제 서양에서 마음챙김 수행은 널리 알려진 불교의 수행이면서, 종교를 초월해서 누구나 삶에 고통을 느끼는 분들은 고통에서 자유를 얻기 위해, 또는 조금이라도 스트레스에서 자유롭기 위해 수행을 합니다.

그러나 이렇게 보편화된 수행 이외에도 우리가 불교나 원불교라는 종교를 통해서 배울 수 있는 것들이 많이 있고, 실지로 마음챙김 수행은 진리에 대한 믿음이나 공동체를 통한 배움과 떨어져 있지 않고 모두 연결이 되어 서로에게 도움을 주고받는 관계에 있습니다.

동양과 서양에 문화의 차이가 있는 것은 사실이지만 좀 더 깊이 있게 접근하여, 있는 그대로의 가르침을 배워 보고 활용해 보는 것도 새로운 종교나 지식을 접할 때에 중요한 요소가 아닌가 생각해 봅니다.

심리적인 문제를 종교적인 가르침만으로 해결할 수는 없으나, 종교적인 가르침이 심리적인 문제에 중요한 영향을 주는 것도 사실이므로, 몸과 마음의 병을 진단하고 치료하는 데 있어서 그 사람의 종교성을 꼭 함께 참고해서 참된 자신을 찾아가도록 도움을 주고받는 것이 필요하다고 생각합니다.

바깥으로만 향하는 시선을 멈추어 나의 마음을 들여다볼 수 있는 세 개의 거울은 '수행', '믿음', 그리고 '공동체'입니다. 이 세 개의 거울을 통해서 어려움을 극복하는 힘을 얻고, 거센 바람에도 흔들림 없이 참 마음의 힘을 잘 베풀며 활용하는 인생의 여정에 함께함을 감사드립니다.

특히, 미국 이민 사회에서 원불교인으로 살아가시면서 살아 있는 삶과 마음공부 이야기를 들려주신 보스턴, 뉴욕, 맨해튼, 워싱턴, 로스앤젤레스, 그리고 오렌지카운티 교당의 스물 세 분의 원불교 교도님들께 깊은 감사의 마음을 전해드립니다.

2018년 3월에

박호진 합장

원불교

불교(佛敎)는 깨달음으로 가는 길입니다. 원불교에서 원(圓)이란 동그라미를 의미하며, 궁극적 실체 또는 우리의 본성을 상징합니다. 그러므로 원불교란 글자 그대로 우리의 본성을 깨달아 가는 길, 혹은 가르침입니다.

원불교의 창시자인 소태산(少太山) 박중빈 대종사께서는 20세기 초 한국에서, 진리를 향한 오랜 구도와 수많은 고행 끝에 26세의 나이로 큰 깨달음을 얻으셨습니다(1916). 대각을 이룬 후 소태산은 시국을 살펴보며, 급속도로 발달하는 물질문명에 의해서 인간의 정신이 약해지고 인간이 물질문명의 노예가 되는 현상을 관찰하셨습니다.

이에 소태산 대종사는 '물질이 개벽되니 정신을 개벽하자'란 개교 표어로서 회상을 창시하셨습니다. 이것이 원불교의 시작입니다.

원불교는 현실 세계의 많은 사람들이 불법을 활용해서 그들의 삶을 더 잘 살 수 있도록 했습니다. '불법시생활(佛法是生活) 생활시불법(生活是佛法)'이라는 이념으로서 수행과 현실 생활이 따로 분리되어 있지 않다는 것을 강조하셨습니다. 한 제자가 '어떠한 것을 큰 도라고 합니까?' 라고 질문했을 때, 소태산 대종사는 '천하 사람이 다 행할 수 있는 것은 천하의 큰 도요, 적은 수만 행할 수 있는 것은 작은 도라 이르나니라.'라고 대답하셨습니다.

원불교의 목적은 모든 생령들을 고통과 괴로움으로부터 자유롭게 인도하고자 하는 것입니다. 이를 위해서, 원불교는 다른 종교들을 포용하며 함께 하나의 세계 공동체를 이루기 위해 협력하고 있습니다. 현대 사회에서 일어나는 태반의 문제들은 기본적으로 세계적인 문제이며, 종교 지도자들과 모든 종교 간의 협력이 영속적인 세계 평화를 위해서 필수적인 요건이기 때문입니다. 그러므로 원불교는 국제 연합(UN)과 상응하는 세계 종교 연합(UR)을 이루기 위해 노력해 왔으며, 종교 간의 대화와 협력 운동도 이끌어 가고 있습니다.

❖ 원불교 교리

일원상

일원상(○)은 법신불(法身佛)과 일체 중생의 불성을 원형으로 상징한 것입니다. 원불교에서는 일원상(○)으로서 부처님의 깨달으신 마음과 일체 중생의 본성을 나타냅니다.

"일원(一圓)은 법신불이니, 우주만유의 본원이며, 제불 제성의 심인(心印)이며 일체 중생의 본성이다." -소태산 대종사

원(圓)은 글자 그대로 동그라미를 나타내며, 궁극적 진리를 상징합니다. 고대로부터 많은 종교에서 우주의 궁극 진리를 원형 이미지로 표현해 왔습니다. 초기 기독교에서는 신을 동그라미 모양으로 묘사했고, 선가(禪家)에서는 불성 또는 우리의 본성을 원형 이미지를 통해 상징했습니다.

사은

'은혜'는 모든 존재가 서로 연결되어 있고 상호 의존하고 있음을 표현한 원불교의 핵심 사상입니다. 이는 어떠한 것도 다른 존재들과 상호 연관되지 않고는 존재할 수 없다는 소태산 대종사의 깨달음에 의해 천명되었습니다. 우주 안에 있는 각각의 존재는 다른 존재들과 연결되어 있으며, 다른 존재들의 도움에 의해서 존재할 수 있습니다. 원불교에서 이 '은혜'라는 용어는 만물 간의 상호 의존성과 상호 연관성을 나타냅니다.

인간의 존재와 관련해서 우주의 모든 것들은 네 가지로 분류되며, 이는 천지은, 부모은, 동포은, 법률은이라는 네 가지 은혜(四恩)로 설명되어집니다.

사은(四恩)은 법신불 또는 일원상의 나타남입니다. 사은과 법신불은 동전의 양면과 같다고 할 수 있습니다. 원불교에서는 이 세상을 은혜라는 관점에서 바라보며, 이는 '공존', '상호의존', '일체성'을 의미합니다.

삼학

원불교 공부는 정신수양, 사리연구, 작업취사라는 삼학으로 요약됩니다. 이는 원만구족(圓滿具足)하고 지공무사(至公無私)한 우리의 본성, 즉 우리가 본래 가지고 있는 본성거울을 닦고, 광을 내고, 사용하는 것과 같습니다.

이 삼학 수행은 각각 서로 밀접하게 관련이 되어 있으며 서로를 보완하고 있습니다. 이는 마치 삼각대의 다리 한 개만 없으면 다른 다리들만으로는 삼각대가 세워질 수 없는 것과 같습니다. 삼학 수행은 우리의 불성을 드러내는 방법이며, 깊은 마음의 평화인 열반에 이르는 길입니다.

- 정신수양은 불성의 고요함을 유지하기 위해서 하는 수행입니다. 즉, 선(禪)을 하고 기도를 함으로써 마음을 안정하고 모으는 것입니다. 이는 마치 밭에 씨를 뿌리기 전에 잡초를 뽑는 것과 같습니다.
- 사리연구는 인간의 다단한 일과 우주의 이치를 연구하고 불성의 지혜를 밝히기 위해서 하는 수행입니다. 이는 경전 공부, 화두, 회화 등을 통해서 우주의 대소유무의 이치와 인간의 시비이해의 일에 대하여 내면의 지혜를 갈고 닦는 방법입니다.이는 밭에 씨를 뿌리는 작업이라 할수 있습니다.
- 작업취사는 모든 일을 할 때, 취할 것과 버릴 것을 잘 분별하여 행하고, 불성의 자비를 기르기 위해서 하는 수행입니다. 이는 우리의 본래 성품대로 마음을 사용하는 것입니다. 계문을 지키고 유무념 공부를 하는 것은 작업취사 공부 방법입니다. 이는 밭의 작물을 잘 가꾸는 작업으로 볼 수 있습니다.

사대강령(四大綱領)

정각정행(正覺正行)은 일원의 진리, 곧 부처와 조사들이 바르게 전해준 대도정법(大道正法)을 바르게 깨달아서 그 진리를 체 받자는 내용입니다. 눈, 귀, 코, 입, 몸, 마음의 육근을 작용할 때에 어느 한 편에도 치우치거나 의지하지 않고, 지나침이나 부족함도 없이 원만행(圓滿行), 중도행(中道行)을 하자는 것입니다.

지은보은(知恩報恩)은 우리가 천지와 부모와 동포와 법률에서 은혜 입은 내역을 깊이 알아서 감사해야 한다는 내용입니다. 원망할 일이 있더라도 먼저 모든 은혜의 내력을 발견해서 원망할 일을 감사함으로써 우리가 받은 은혜에 보답하자는 것입니다.

불법활용(佛法活用)은 불제자로서 불법에 끌려서 세상일을 못할 것이 아니라, 불제자가 됨으로써 세상일을 더 잘하자는 것입니다. 불법을 수행함으로 인해서 세상에 무용한 사람이 되지 않고, 오히려 불법을 생활에 잘 활용함으로써 가정과 사회와 국가와 세계에 도움을 주자는 내용입니다.

무아봉공(無我奉公)은 개인이나 자기 가족만을 위하려는 생각과 행동을 버리고, 이타적 대승행으로써 일체 중생을 제도하는 데 성심성의를 다하자는 내용입니다.

＊출처 : www.wondharmacenter.org

＊ 보다 쉬운 이해를 위해 번역에 약간의 생략과 의역이 있습니다.

❖ 참고문헌

류시화. (2017).『새는 날아가면서 뒤돌아보지 않는다』. 더숲. p.17.

엘렌 랭어. (2015).『마음챙김』. 이양원 옮김. 더퀘스트. p.58.

브레네 브라운. (2016).『마음가면』. 안진이 옮김. 더퀘스트

『원불교 전서』(1993). 원불교 중앙총부 교화부. 익산: 원불교 출판사.

『원불교대사전』(2013). 원불교 100년 기념성업회. 익산: 원불교 출판사.

전이창. (1998).『기도』. 익산: 도서출판 솝리. p.5

최인철. (2016).『프레임 : 나를 바꾸는 심리학의 지혜』. 21세기 북스. p.168

Yalom, I.D. (2010).『치료의 선물: 새로운 세대의 상담자와 내담자들에게 보내
는 공개 서한』. 최웅용. 천성문. 김창대. 최한나 옮김. 서울: 시그마프
레스. p.12.

Brown, J.D., Dutton, K.A., & Cook K.E., (2001), From the top down: Self-
esteem and Self-evaluation. *Cognition and Emotion*, *15*(5), 615-
631.

Brown, K.W., & Ryan, R.M. (2003). The benefits of being present: Mindfulness and its role in psychological well-being, *Journal of Personality and Social Psychology, 84*(4), 822-848.

De Silva. P. (2006). The tsunami and its aftermath in Sri Lanka:Explorations of a Buddhist Perspective: *International Review of Psychiatry, 18*(3). 281-287.

Germer, C.K. (2005). Mindfulness: What is it? What does it matter? In Germer, C.K., Siegel, R.D., & Fultion, P.R. (Ed.)., *Mindulness and Psychotherapy* (pp.1-27). New York, NY: Guilford Press.

Graham, L. (2013). *Bouncing Back : Rewiring your brain for Maximum Resilience and Well-Being.* Navato. California :New World Library. PP. 30-39.

Grossman, P., Van Dam. N. T. (2011). Mindfulness, by any other name…: trials and tribulations of Sati in western psychology and science. *Contemporary Buddhism: An Interdisciplinary Journal, 12*(1), 219-239.

Hussain, M. S & Langer, E. (2003), A Cost of pretending, *Journal of Adult Development, 10*(4), 261-270.

Kim, S.S. (2004). The experiences of young Korean immigrants: A grounded theory of negotiating social, cultural, and generational boundaries. *Issues in Mental Health Nursing, 25*, 517-538.

Kim, S.S. & Dickson, G. (2007). Revisiting mental health issues in young immigrants: A lesson learned from the Virginia Tech Massacre. *Issues in mental Health Nursing, 28*, 939-942.

Lazarus, R.S., & Folkman, S. (1984). *Stress, appraisal, and coping.* New York, N.Y: Springer.

Park, H. (2015), Won Buddhist Coping in America among the 1st and 2nd genderation Korean immigrant Population, Doctroal dissertation, Loyola University in Maryland.

Pargament, K. I. (1997). *The psychology of religion and coping.* N.Y: Guilford

Press.

Seol, K.O & Lee R.M. (2012), The effects of religious socialization and religious identity on Psychosocial functioning in Korean American adolescents from immigrant families. *Journal of Family Psychology*, *26*(3), 371-380.

Symington, S., & Symington, M. F. (2012). A Christian model of mindfulness: Using mindfulness principles to support psychological well-being, value-based behavior, and the Christian spiritual journey, *Journal of Psychology and Christianity*, *31*(1), 71-77.

Thomas, M. (2004), *Depressed & Anxious: The Dialectical Behavior Therapy Workbook for Overcoming Depression & Anxiety*, New Harbinger Publication, p.13

세 개의 거울을 통해 본

어려움을 극복하는 마음의 힘

초판 1쇄 발행 2018년 3월 31일

지은이 박호진
펴낸이 박심성
편집·디자인 이지현

펴낸곳 소리산출판사
출판등록 2015년 5월 18일 제 2015-000090호
주소 서울시 중구 서애로 1길 10-3 (1층)
전화 070-7883-0615 **팩스** 02-6322-2717
이메일 sorisanpub@gmail.com
홈페이지 www.sorisan.com

ISBN 979-11-957257-8-6

이 도서의 국립중앙도서관 출판도서목록(CIP)은 서지정보유통지원시스템 홈페이지(http://seoji.nl.go.kr)와 국가자료공동목록시스템(http://www.nl.go.kr/kolisnet)에서 이용하실 수 있습니다.(CIP제어번호: CIP2018007747)